JESÚS

DE NAZARETH

JESÚS

DE NAZARETH

LA BIOGRAFÍA PROHIBIDA

Toda la verdad sobre la figura más polémica de la Historia

ANTONIO LAS HERAS

AMERICAN
BOOK GROUP

Conoce toda la colección en:
Books.AmericanBookGroup.com

JESÚS DE NAZARETH, LA BIOGRAFÍA PROHIBIDA

Fecha de publicación: Mayo 2023

Autor: © Antonio Las Heras

Elaboración de textos: Santos Rodríguez

Copyright del editor de la presente edición:
© 2023 American Book Group

Copyright del editor original:
© 2023 Ediciones Nowtilus, S.L.

Fotografía de cubierta: © Lurii Kuzo / Dreamstime.com

ISBN ABG: 978-1681657-90-5

Impreso en los Estados Unidos de América

AMERICAN BOOK GROUP
AmericanBookGroup.com

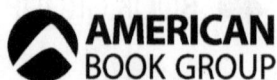

Índice

El historiador miente hasta cuando dice la verdad.
Pero si lo es y convierte en legendario lo que pasa,
entonces dice la verdad aunque mienta.

JOSÉ BERGAMÍN

Este libro está basado en hechos reales.

A modo de prólogo

Era una mañana fría, y en un bar de la Avenida Corrientes, en el pleno centro de Buenos Aires, los dos hombres conversaban frente a una taza de café, junto a la ventana.

–Ud., hermano mío, necesita pensar con extrema serenidad lo que se propone hacer. Nosotros le prestaremos ayuda, como lo hemos hecho siempre. Pero aparecerán enemigos. Hay muchos que se resisten a que la verdad trascienda. Hay grupos muy influyentes que se encuentran convencidos de que el vulgo, la gente común, normal, debe ignorar las cosas de los iniciados. Y no estoy seguro de que nos sea posible brindarle la protección que pueda requerir –no solo Ud., habría que pensar también en su familia– después de la publicación del libro.

–Disiento. Disiento totalmente. Una vez publicado este libro, yo seré lo menos importante. Las cosas estarán dichas y el libro en manos de sus lectores. ¿Quién va a molestarse por mí, entonces? O por mi familia. Lo hecho, hecho estará. Tendrán que pensar en otra cosa. Ya se me han ocurrido varias: aparecerán libros contradiciéndome, negando los sucesos; habrá programas de radio, televisión y, hasta mesas redondas en las ferias del libro diciendo que soy un charlatán, que no tengo pruebas académicas. Esas cosas; mucho más no conseguirán.

—Vea, Las Heras, no será la primera ni la última vez que digan que Ud. es un charlatán, mentiroso, inventor de patrañas. Y mientras siga tratando y difundiendo cosas como estas, más agresiones de esa índole recibirá. Y hemos olvidado a los autodesignados "escépticos." Esos querrán que Ud. presente la prueba taquigráfica del diálogo entre Jesús y José de Arimatea mientras Él se recuperaba aquella noche en la tumba.

—El libro será publicado. Es mi decisión. Tengo editor, un español que no se amilana.

—Querido hermano Las Heras, me gustaría que antes de proseguir con tu plan te retires a la Sala de Reflexiones y pienses si no sería lógico limitarte, por ahora, a un folleto o un libro breve para su difusión solamente entre nosotros. Estoy de acuerdo que *El Código Da Vinci* abrió muchas puertas. Pero una cosa es una novela —además llena de contradicciones y datos equivocados, que para eso es una novela— y muy otra revelar secretos que tienen dos mil años. Fíjese que hasta James Cameron y Simca Jacovici, que me parece que tienen un poco más de acceso y protección de lo que llamamos "el poder" que Ud., han sido prudentísimos al confeccionar el largometraje —más o menos documental— que intitularon *El Sepulcro Olvidado de Jesús* y presentaron, muy curiosamente, casi en coincidencia con el equinoccio que anuncia la primavera en el hemisferio norte. En un momento el relator afirma que se puede hablar de todos, hasta de Caifás y afirmar que fue hallada su tumba (aunque ya hayan "aparecido" dos o tres tumbas de Caifás), pero que del Crucificado y su seguidores no puede hablarse.

–En el libro no revelo ninguno de los secretos que hemos jurado no difundir. No soy perjuro, jamás lo haría. Me limito a mostrar las historias tal como ocurrieron; y nosotros –ni Ud., ni yo, ni ningún hermano de la orden iniciática que sea, pasada o presente– hemos jurado no transmitir las historias que nos fueron reveladas. Y en cuanto a la película de Cameron y Jacovici, a la que seguí con detenimiento, me queda muy a la vista todo lo que evitaron expresar. El hecho de que se sorprendan y afirmen que no entienden qué pueden ser esas dos figuras grabadas sobre la piedra a la entrada de la tumba supuesta de la familia de Jesús, es más que significativo. Hasta el estudioso de simbología elemental nota de inmediato el compás por un lado y el círculo –el ouroboros– que denota la totalidad, por el otro.

–Es verdad, es verdad… Pero tenga presente Las Heras que por alguna razón hasta los "bendecidos" del séptimo arte proceden de ese modo. No se trata aquí de que Ud. viole juramentos o disciplinas. Eso se encuentra fuera de discusión. Mire que si apenas nos abrimos un poco con el Evangelio de Judas –que se hizo de manera medida, a través de una cadena seria de televisión documental– y ya eso generó una reacción mundial cuyo final estamos muy lejos de imaginar… ¡A Ud. se le ocurre escribir un libro contando las historias reales –las secretas, las que solo conocemos los miembros de las ordenes– de la vida de un Jesús de carne y hueso que, por añadidura, es un iniciado! Además, vea, somos muchos los que tenemos certeza de que hasta los detalles más conocidos de la vida de Jesús fueron tergiversados a voluntad por los interesados. Tome el ejemplo de la cruz: Ud., yo y tantos otros conocemos que Jesús fue prendido a una cruz que tenía dos maderos horizontales y no uno.

–Pero, claro, si hasta en el báculo de San Ignacio de Loyola, nada menos que el fundador de la Compañía de Jesús, puede verse la cruz de dos listones horizontales. La cruz que se conoce desde hace siglos no es en la que fue crucificado Jesús, sino que se adoptó una forma más conveniente –de los tiempos de Constantino– que podía ser comprendida por todos: claramente, la forma de una espada clavada en el suelo. Una forma geométrica que cualquiera podía entender, que tenía relación con lo cotidiano de aquellas culturas.

–Ocurre que, como los jesuitas son, digamos, el brazo científico y racional de la Iglesia, entonces, con esa señal, que solo quienes estamos embebidos en el tema comprendemos, lanzan un aviso. Algo así como un cartel anunciando que no admiten engaños.

–Pues entonces Ud., hermano mío, comprende la necesidad de informar sobre estas cosas, de abrirlas a todos, de que se encuentren accesibles a quienes pueda interesar.

–En modo alguno es lo que yo le estoy diciendo. Por el contrario, lo que busco hacerle entender es que hay que elegir muy bien quién está capacitado para tener El Conocimiento y a quiénes hay que permitirles vivir en estado de infancia hasta el final de sus vidas. Por eso le invito a que posponga la publicación de este libro. Está Ud., Las Heras, derrumbando siglos de historias tergiversadas, creencias impuestas y, lo que es más grave, está derrumbando negocios extraordinarios que tienen que ver con el poder, con el manejo de naciones y, a veces pienso de acuerdo a mis conocimientos, el manejo de la humanidad misma.

–Entiendo, entiendo. Estoy consciente de todo cuanto con tanto afecto me dice. Soy un hombre grande, tengo una misión en esta vida que fuera dispuesta por la arquitectura universal. De manera que el libro se publica y los lectores deciden.

–Puede Ud. estar metiéndose en graves problemas.

–Es una ley universal. Anunciar verdades suele ser sinónimo de futuras dificultades.

Capítulo I

¿Qué grado de confiabilidad tienen los Evangelios?

Las Sagradas Escrituras están constituidas por lo que se denomina el Antiguo Testamento, conformado de acuerdo a lo que ha sido aprobado por los sabios judíos, y el Nuevo Testamento o Evangelios.

La Biblia, tal como ha llegado a nuestros días, excluye una numerosa cantidad de textos donde se encuentran versiones sobra la vida de Jesús, sus padres, discípulos y realizaciones, muchas de las cuales difieren de los cuatro Evangelios aceptados como de inspiración divina. A tales obras se las conoce como Evangelios Apócrifos.

Llegado a este punto es menester detenerse para aclarar de inmediato que "apócrifo" no es sinónimo de "falso" ni cosa que se le parezca o aproxime. El término "apócrifo" procede del griego: *apokryphos*, que significa, secreto, oculto; siendo su origen *apokrypto*: ocultar.

Sencillamente, los fundadores de la Iglesia decidieron, por medio de un arbitrio, que había cuatro escritos cuya fuente era la "inspiración divina"; estaban inspirados por Dios.

Así se eligieron los cuatro Evangelios que conforman el Nuevo Testamento.

Todos los demás, por lo tanto, dejaron de considerarse aún cuando no se afirmara que fueran falsos o carente de veracidad lo que en ellos se lee. Esto implica que aunque pudiere tratarse de un relato ciertamente histórico, al quitársele la condición de inspirado por Dios no tenía las condiciones necesarias para incluirlo en la Biblia.

En verdad, la primera ocasión –al menos que haya quedado registrada en la historia– por reunir un grupo de textos evangélicos y darle cierta unidad data de finales del siglo II. Es lo que se conoce como "fragmento de Muratori". Lo más probable es que la compilación haya sido realizada entre 170 a.C. y 180 d.C. Está integrada por cuatro Evangelios que hoy incluye el Nuevo Testamento, el Apocalipsis de Juan, trece cartas de Pablo y Sabiduría. La Epístola a los Hebreos y las Epístolas de Pedro no figuran.

Mas la conformación que ha llegado a nuestros días de lo que conocemos por Nuevo Testamento, y en particular los dogmas que persisten en la Iglesia, tiene su origen en los acuerdos logrados en el Concilio de Nicea. Acto que por deseo del emperador romano Constantino se reunió en la ciudad de Nicea, (Asia Menor, próxima a Constantinopla), en el 20 de mayo de 325 por la mañana a efectos de que coincidiera con las festividades en conmemoración de la victoria de Constantino sobre su rival Licinio. De manera que ya vamos viendo la calidad y características de este encuentro.

Concilio de Nicea realizado el 20 de mayo de 325 d.C. en el que se establecieron los parámetros de cargos eclesiásticos. Fresco del siglo XVI, Roma, iglesia de san Martino.

Véase, además, que hasta las crónicas oficiales de la Iglesia expresan que cuando fue menester decidir qué textos pertenecían al canon y cuáles no, se utilizó un método más que sorprendente.

Fue el siguiente: todos los manuscritos que aún quedaban –téngase en cuenta que ya había algunos destruidos y perdidos para siempre y otros tantos cuidadosamente ocultados– fueron colocados uno al lado del otro sobre largas mesas dejando suficiente espacio entre uno y otro texto. Una vez hecho esto, los casi trescientos obispos integrantes del Concilio oraron invocando la inmediata ayuda del Espíritu Santo para discernir, sin error, cuáles quitar, cuáles dejar. Sucedió entonces, según afirman las crónicas, que el Espíritu Santo se hizo presente en su reconocida forma de paloma y posándose sobre unos textos sí y otros no, pudieron los clérigos determinar qué había que mantener y qué erradicar.

Aclarada la manera en que fue tomada la decisión sobre cuáles escritos tenían inspiración divina y los que debían ser considerados apócrifos, hagamos, ahora, algunas otras consideraciones poco recordadas sobre lo que sucedió aquella vez en Nicea.

El obispo Eusebio de Nicomedia (seguidor de Arrio, de corte gnóstico) pidió la palabra para exponer su doctrina según la cual el Hijo o Verbo no era sino una criatura humana y por muy exaltada que fuese esa criatura humana no por ello perdía tal condición.

Fue solo escuchar las primeras frases para que gran cantidad de obispos comenzaran a proferir gritos de "¡blasfemia!", "¡mentira!" y "¡herejía!" Eusebio no solo encontró frustrada su exposición sino que algunos de los presentes le arrancaron el papiro con su discurso, lo hicieron pedazos y lo pisotearon.

Cabe recordar aquí que en este Concilio de Nicea se ordenó destruir todo manuscrito que no fuese sinóptico (esto es, que no tuviera un mensaje similar al aceptado como de inspiración divina) por lo que desapareció la casi totalidad de los manuscritos que hablan de un Jesús humano, incluyendo su relación marital con María Magdalena.

Comienza de esta forma, o tal vez sería más correcto decir, continúa de esta forma, la tan remanida técnica de censurar y ocultar (porque la Iglesia se cuidó de guardar mucho material y mantenerlo en secreto antes que destruirlo) todo aquello que se encuentre en controversia con las conveniencias coyunturales establecidas de acuerdo a los intereses políticos y los proyectos materiales de las jerarquías de turno.

Para nuestro trabajo este dato es importante, puesto que demuestra que ya en el mismo Concilio de Nicea había al menos un grupo pequeño de obispos a quienes resultaba comprensible que Jesús hubiese sido un hombre extraordinario, con capacidades humanas muy especiales; pero un hombre al fin y al cabo. Esto, como se ha señalado, no solo no se quiso debatir, ni siquiera se permitió escuchar.

Lo que este encuentro de obispos hizo, entre otras cosas que se mantuvieron con los siglos, fue mantener la tesis enunciada por una de las principales figuras del siglo III para el cristianismo, que fue Tertuliano (Quinto Septimio Florencio Tertuliano) nacido en Cartago (Túnez, África) entre 150-160 d.C. y fallecido en 223.

Tertuliano es quien formula que hay un Dios Único, una sola sustancia y tres personas diferentes: Padre, Hijo y Espíritu Santo.

A él pertenece la idea de que Cristo es una sola persona pero de dos naturalezas distintas: la humana y la divina.

Además, otros padres de la Iglesia sostuvieron la legitimidad exclusiva de los cuatro Evangelios sobre los otros y dieron prueba de ello. Así tenemos a San Ireneo, Orígenes y Clemente Alejandrino como ejemplos puros.

Veamos:

San Ireneo (170), obispo de Lyon, era discípulo de Policarpo, quien a su vez era discípulo de Juan el Evangelista. San Ireneo escribe:

Mateo escribe cuando Pedro y Pablo evangelizaban Roma, hacia el 50, en lengua hebrea; Marcos transmite la predicación de Pedro, hacia el 65; Lucas, colaborador de Pablo, escribe el Evangelio enseñado por este a los gentiles entre los años 67 y 70; Juan escribe en Efeso hacia fines del siglo I.

Orígenes (Egipto; 185-255) habló de los cuatro evangelistas y el orden en el que escribieron.

Clemente Alejandrino (Circa 200), sobre los cuatro Evangelios, relata una tradición que señala que Cristo está vivo. Además apunta que desde el primer siglo hasta el día de hoy, todos los que abren su corazón y creen en Él reciben la gracia de conocerle de una manera real y poderosa de tal manera que transforma radicalmente sus vidas haciéndoles posible participar en la vida divina.

Una buena cantidad de actos, actitudes, escenarios y situaciones comunes a la Iglesia proceden de aquellos días y no tienen ninguna fuente cristiana sino que son de origen totalmente pagano.

La masa del Imperio romano –escribe Schaff– *fue bautizada solamente con agua, no con el Espíritu y el fuego del Evangelio, y trajo así las costumbres y las prácticas paganas al santuario cristiano bajo nombres diferentes.*

Sabemos por Eusebio –explica el cardenal de la Iglesia Católica Apostólica Romana J. H. Newman– *que Constantino, para atraer a los paganos a la nueva religión, traspuso a esta los ornamentos externos a los cuales estaban acostumbrados (...) El uso de templos dedicados a santos particulares, ornamentados en ocasiones con ramas de árboles; incienso, lámparas y velas; ofrendas votivas para recobrar la salud; agua bendita; fiestas y estaciones, procesiones, bendiciones a los campos; vestidos sacerdotales, la tonsura, el anillo de bodas, las imágenes en fecha más tardía, quizá el canto eclesiástico, el Kyrie Eleison, todo esto tiene un origen pagano y fue santificado mediante su adaptación en la Iglesia.*

Empero, la forma definitiva de la Biblia –Antiguo y Nuevo Testamento– aceptada por la Iglesia solo surgiría en la cuarta sesión del Concilio de Trento (8 de abril de 1546) en que se fijaron, definitivamente, cuáles serían los libros canónicos y cuáles los apócrifos. Se declararon la Tradición y las Sagradas Escrituras como las dos fuentes de la revelación. La Vulgata se consideró la traducción aceptada de la Biblia. Se excluyeron de la Biblia Vulgata tres de los diez que se había agregado: el tercero y el cuarto de Esdras y la Oración de Manasés.

Los llamados Libros Canónicos son, en consecuencia, los que la Iglesia acepta como revelados por Dios. El papa Benedicto XV (Giacomo Della Chiesa, Santo Padre desde 3/9/1914 a 22/1/1922) en su encíclica *Spiritus Paraclitus*, afirma:

Los Libros de la Sagrada Escritura (...) fueron compuestos bajo la inspiración, o la sugestión, o la insinuación, y aún el dictado del Espíritu Santo; más todavía, el mismo Espíritu fue quien los redactó y publicó.

En esta misma encíclica, se dice que Jesús afirma la iluminación divina en el escritor, donde Dios mueve su voluntad a escribir lo que ha de transmitirse a la humanidad.

En el Segundo Concilio Vaticano, en la Constitución Dogmática "Dei Verbum" sobre la Divina Revelación, la Iglesia afirma que por un acto de bondad, Dios decdió revelarse a sí mismo y a su voluntad. Por eso, Dios se ha manifestado a los Padres de la Iglesia para prometer la salvación.

Antes de continuar, quizás convenga recordar que la palabra Vaticano proviene del término *vates*, que significa "adivinador del futuro", y a su vez era ese el nombre que se le daba en la antigua Roma a las colinas del oeste del río Tiber donde se juntaban todos los adivinadores y astrólogos de aquella época para atender a sus consultantes. Sobre ese lugar geográfico fue construido el Estado pontificio manteniendo el nombre de Vaticano.

Refiriéndose explícitamente al Nuevo Testamento el Segundo Concilio Vaticano sostiene que sus libros principales son los Cuatro Evangelios y que su origen es indudablemente apostólico, predicado por mandato de Cristo, inspirado por el Espíritu Santo y trasmitido por escrito por los cuatro apóstoles. (Esto, aunque es evidente que ninguno de los apóstoles vivía para el tiempo en que fueron redactados. En todo caso podrá sostenerse que las obras son el resultado de la compilación de dichos transmitidos verbalmente por los apóstoles en su tiempo).

A la vez, el Segundo Concilio Vaticano acepta la historicidad de los Evangelios, afirmando que son fieles a la vida de Cristo y que obedecen a una tradición oral. Lo reitera la encíclica *Divino Afflante Spiritu*, del papa Pío XII, escrita en 1943.

En relación a los Evangelios Apócrifos el papa Pío IX, en la encíclica *Noscitis et nobiscum* (1849) los denomina *lecturas emponzoñadas* y privilegia la difusión de libros escritos por *hombres de sana y reconocida doctrina*.

El primero en designarlos "apócrifos" fue San Jerónimo, que lo hizo para referirse a los libros que llegaron a ser los deuterocanónicos cuando tradujo la Vulgata latina.

Cuando algunos apócrifos se incorporaron a la Septuaginta, los rabinos acordaron aceptar los que tuvieran concordancia con la ley mosaica, haber sido escritos en Palestina y en idioma hebreo. A su vez debían estar redactados antes de la muerte del escriba Esdras, a quien los sabios hebreos atribuyen haber fijado, bajo mandato divino, la lista de libros que integran el Antiguo Testamento.

Pero como lo más probable es que los escritos originales de estos textos procedan de entre 150 a.C. y 100 d.C. y Esdras murió unos dos siglos antes, no reunieron tal condición y fueron separados de los aceptados.

Los padres de la Iglesia descartaron a algunos autores, censuraron a otros y eliminaron a algunos por ser de origen griego, egipcio, copto o armenio entre tantos otros argumentos, todos ellos carentes de fundamento.

Hay que recordar que a partir del hallazgo, durante 1945 en Nag Hammadi (Alto Egipto), de los manuscritos conocidos como Evangelios Apócrifos, por ejemplo el de Felipe, Tomás o de la propia María Magdalena, podemos encontrar a un Jesús humano, mucho más cercano a cualquiera de nosotros, sin que por ello deje de manifestarse su elevada condición, tanto humana como espiritual.

Desde los tiempos de los apóstoles y de quienes fueron considerados padres o doctores de la Iglesia hasta el presente inclusive, siempre existieron diversas corrientes de pensamiento. Por lo tanto, hay que "interpretar" lo que se dice que escribió cada uno y no tomarlo literalmente.

Los apócrifos conforman, verdaderamente, una voluminosa cantidad de historias, unas más apasionantes que otras. Así, la edición de *Los Evangelios Apócrifos* de Luigi Moraldi, cuenta con más de 2.000 páginas.

Hay dentro de ellos elementos muy valiosos, tal vez con datos y anécdotas históricas de Jesús que han pervivido en la tradición, pero mezclados con información que la Iglesia ha decidido que es falsa, como errores geográficos, falta de fidelidad histórica, relatos de milagros ocurridos durante la infancia de Jesús que más hacen pensar en el deseo del escriba por agigantar la imagen de Jesús que en la posibilidad de que en verdad hayan ocurrido.

En este punto, tanto la historia como la tradición hermética y la Iglesia coinciden: se trata de fantasías debidas a una pluma entusiasta; si era el Mesías no se habría dedicado a realizar tales actos, si era una persona común menos, y si se trataba de un joven preparándose para el futuro camino iniciático tampoco produciría "milagros" al estilo de cualquier taumaturgo (como ejemplo, digamos que en el Evangelio de Tomás aparece Jesús haciendo pajaritos de arcilla y dándoles vida con un soplo) o milagros punitivos (Jesús hace milagros para castigar a quienes no quieren aceptarlo) como se lee en el Evangelio de Pedro.

Los Evangelios Apócrifos de los dos primeros siglos cristianos siguen sustancialmente dos secuencias: por un lado copian géneros y datos ya ofrecidos por aquellos textos que pasaron a conformar el Nuevo Testamento. Por otro lado, se detienen en suplir la sobriedad y los silencios de los Evangelios canónicos con una frondosa cantidad de creaciones fantasiosas; aunque admitimos que entre todo ese material el investigador exhaustivo suele encontrar valiosos detalles constituidos por narraciones históricas.

LA EXISTENCIA HISTÓRICA DE JESÚS

Jesús, siempre manifestó su condición de Hijo de Dios, pero esto debe entenderse como hijo de un Plan Divino; algo que le cabe a toda criatura del Universo. Es más, insistía en llamarse *Hijo del Hombre*.

Después, los intérpretes religiosos de sus dichos dieron a esta expresión: *Hijo de Dios*, un valor que excedía lo pretendido por el Maestro a efectos de convertirlo en el Mesías, cosa que dicho sea de paso Jesús nunca expresó.

De manera tal que si nos estamos refiriendo a una persona humana, de carne y hueso sí, un rabí con familia, hijos, amigos y enemigos, pero que llevó una vida pública activa y destacada, es razonable que existan testimonios diversos sobre su vida, procedentes de fuentes distintas.

Pero antes que esto, detengámonos un instante en la fecha de nacimiento del Maestro.

Si algo es seguro es que no nació un 25 de diciembre. Hace dos mil años aquella región era de fríos intensos para comienzos de invierno. Aún hoy lo es, como pudimos percibirlo quienes hemos estado en Belén hacia fin de año. Imposible que hubiera pastores cuidando sus rebaños en la noche. Habrían muerto de frío. La verdad es que la fecha cristiana de Navidad fue elegida teniendo en cuenta el Solsticio de Invierno del hemisferio norte, la fecha del Sol Invicto y de las celebraciones de los misterios de Eleusis. El cristianismo no hizo sino tomar como propia la fecha de nacimiento del dios solar.

El día de su nacimiento fue señalado oficialmente por el papa Liberio el año 354 y, como se encuentra ampliamente demostrado, corresponde al inicio de las tradicionales celebraciones paganas del Solsticio de Invierno.

Tampoco Jesús nació en el año cero (tema de tratamiento recurrente cuando nos aproximábamos al 31 de diciembre de 1999) sino que su nacimiento debió producirse entre cinco y siete años antes.

El error comienza con Dionisio el Pequeño, un monje del siglo VI quien en realidad es el padre de nuestro calendario y que falló por unos años, según algunos especialistas. De manera que para el momento de la crucifixión Jesús habría tenido cerca de cuarenta años de edad.

La cifra 33 tiene relación con la simbología del número tres y no cuenta para los aspectos históricos. Simboliza que al momento de su transmutación ("resurrección" para los creyentes) Jesús había alcanzado el máximo de sus posibilidades de desarrollo trascendente.

Existen indiscutibles fuentes paganas que permiten constatar la existencia de un Jesús histórico.

Cornelio Tácito, historiador latino, escribió sobre el Maestro en sus "Anales" (116 d.C.) En el libro XV, 44 leemos:

El fundador de esta secta (se refiere al cristianismo) de nombre Cristo, fue condenado a muerte por el Procurador Poncio Pilato bajo el imperio de Tiberio. Reprimida de momento esta superstición nociva, brotó de nuevo no solo en Judea, punto de origen de tal calamidad, sino en la misma Roma donde convergen y hallan buena acogida las cosas más groseras y vergonzosas.

Suetonio, en su obra *Vida de Claudio* (120 d.C.) dice que este emperador:

...expulsó de Roma a los judíos en continua agitación a causa de Cretos (Cretos es una manera de escribir Cristo).

Plinio el Joven, gobernador de Bitinia (circa 112 d.C.), en carta a Trajano escribe que los cristianos:

...tienen por costumbre reunirse un día determinado, al amanecer, para alabar a Cristo a quien consideran su Dios.

Flavio Josefo escribió en sus *Antigüedades Judías*, XVIII:

Apareció en este tiempo un hombre prudente llamado Jesús, si es que se le puede llamar hombre. Porque realizó obras maravillosas y se hizo maestro de los hombres que reciben con alegría la verdad.

El papa Liberio colocando la piedra fundamental de la basílica Liberiana. Pintura de Massolino, Museo Nacional de Capodimonte.

Capítulo II
Los Evangelios ocultos

Después de haber desaparecido durante unos 1.700 años, la única copia conocida del *Evangelio según Judas*, autentificada, fue presentada por primera vez al público en forma masiva durante 2006.

Un escrito conocido por los expertos que muestra la verdadera faceta del apóstol que –a ojos profanos, miradas superficiales y pensamientos dogmáticos o interesados– supuestamente traicionó a Jesús vendiéndolo a los romanos.

El manuscrito de 26 páginas en papiro, escrito en dialecto copto, fue en 2006 motivo de una extensa nota en la prestigiosa revista estadounidense "National Geographic". El documento, llamado *Códice de Tchacos*, está ahora conservado en el museo copto de El Cairo.

Es necesario tener en cuenta que si bien la antigüedad del documento es mucha, solo se trata de una copia correspondiente a una versión más antigua que fuera redactada en griego, y que los especialistas admiten como procedente del siglo III o IV.

De cualquier modo, la existencia de este Evangelio es antiquísima. Fue comprobada por San Ireneo, primer obispo de Lyon, la capital de la Galia (actual Francia), quien lo denunció en un texto contra las herejías a mediados del siglo II.

El manuscrito, encuadernado en cuero, que se cree fue copiado cerca del año 300 después de Cristo, se descubrió en la década de 1970 en el desierto egipcio de El Minya.

Luego circuló entre los comerciantes de antigüedades para arribar primero a Europa y luego a Estados Unidos, donde permaneció en el cofre de un banco de Long Island (Nueva York), durante 16 años antes de ser nuevamente comprado en 2.000 por el anticuario suizo Frieda Nussberger-Tchacos.

Preocupado por su deterioro, Nussberger-Tchacos entregó el manuscrito a la fundación suiza Maecenas, en febrero de 2001, con el fin de preservarlo y traducirlo.

Luego de restaurado el documento, el trabajo de análisis y de traducción estuvo a cargo de un equipo de coptólogos (cristianos de Egipto) dirigido por el profesor Rudolf Kasser, quien por entonces ya se había jubilado de la Universidad de Ginebra. Kasser destacó que jamás vio un manuscrito en tan mal estado. Le faltaban dos páginas, la parte superior de las hojas donde figuran los números estaban rotas y había cerca de un millar de fragmentos.

Para reconstruir *el puzle más complejo jamás creado por la Historia*, el profesor fue apoyado por el conservador de papiros Florence Darbre, y el experto en dialecto copto Gregor Wurst, de la Universidad de Augsburg (Alemania).

Contrariamente a la versión que se deduce de los cuatro Evangelios oficiales, este texto, al que puede sin dificultad definirse como uno de los Evangelios Apócrifos, indica que Judas Iscariote era un iniciado que traicionó a Jesús a solicitud de él, en medio de un plan urdido personalmente por el Maestro y que estaba en conocimiento de un reducido círculo conformado por quienes eran de su real confianza; entre ellos María Magdalena y, probablemente, también su madre.

El pasaje clave del documento es aquel donde Jesús dice a Judas: *Tú los sobrepasarás a todos. Tú sacrificarás al hombre que me recubrió.*

De acuerdo a los exégetas, esta frase significa que Judas ayudará a liberar el espíritu de Jesús de su envoltorio carnal. Obviamente ese es el punto de vista que se desentiende de lo iniciático –esto es, del proceso necesario para que la Transmutación tenga lugar hasta completar la Obra– y pone énfasis exclusivamente en lo dogmático, creencial, para sostener que Jesús es el Mesías.

Empero, la interpretación que cabe es diferente.

Lo que el Maestro está señalando es que Judas Iscariote resulta una presencia imprescindible en el proceso que le quitará todo lo que de "hombre común" hay en Él permitiendo la aparición del Hombre Nuevo, pleno y activo en todas sus posibilidades.

Este descubrimiento espectacular de un texto antiguo, no bíblico, es considerado por algunos expertos como una de las más importantes actualizaciones desde los últimos 60 años en lo que refiere a nuestro conocimiento de la Historia y de diferentes opiniones teológicas al comienzo de la era cristiana, señaló Terry Garcia, uno de los responsables de la revista estadounidense.

Los especialistas no han tardado en manifestarse al respecto. Así Elaine Pagels, profesora de religión en la Universidad de Princeton (Este) y una de las grandes conocedoras mundiales de los Evangélicos Gnósticos manifiesta:

El descubrimiento sorprendente del Evangelio de Judas, como aquellos de María Magdalena y de varios otros de estos documentos ocultados durante cerca de 2.000 años, trastoca nuestra comprensión sobre los inicios del cristianismo.

Agregando que:

Estos descubrimientos hacen estallar el mito de una religión monolítica y muestran cuán diverso y fascinante era realmente el movimiento cristiano en sus comienzos.

El Evangelio oculto de José de Arimatea (Fragmento)

José de Arimatea, hermano carnal de Jesús, empresario y miembro del Sanedrín, escribe su Evangelio que fuera prolijamente negado al conocimiento público. Es claro que el mismo José no lo ha redactado para que fuera de conocimiento público; lo que sí hizo con su "carta" a veces mal designada "Evangelio."

Lo que el hermano de Jesús relata es todo cuanto hace a los verdaderos hechos ocurridos con el Maestro, un iniciado de los más notables que ha tenido la humanidad desde los albores de nuestra especie; pero, al fin y al cabo, sencillamente un hombre; nada menos que un hombre.

José de Arimatea deja aquí constancia de todo cuanto es menester para que se comprenda qué ocurrió con su hermano una vez descolgado de la cruz. Un legado que solo quienes pueden leer la vida de Jesús en clave iniciática conseguirán entender.

No obstante lo cual, las más insignes figuras de la Contrainiciación –esto es, los personeros de las Fuerzas de la Oscuridad (que por lo general se presentan como Caballeros de la Luz...)– persiguieron a los poseedores de este documento, lo ocultaron siempre que les fue posible, en todo momento temerosos de que se conozca lo realmente sucedido y las causas que lo motivaron.

Empero, siempre hubo copistas para difundirlo con estricta reserva y quienes lo tuvieron en cuenta para discernir.

Los fragmentos que transcribo a continuación tienen un estilo literario en absoluto despersonalizado del original. Mantengo el sentido. Pero, de esta forma, me aseguro de despistar a quienes intenten descubrir datos que, por el momento, han de seguir vedados.

Tal como habíamos convenido siendo media noche en punto nos dirigimos a la tumba y corriendo la piedra de acceso encontramos al Maestro que aún yacía en un descanso profundo.

Ninguna dificultad tuve con quienes custodiaban la tumba. Simples soldados que enseguida cedieron ante la autoridad que yo envestía y el dinero que sin escatimar hube de darles.

También cuidé darles instrucciones sobre lo que debían manifestar ante las autoridades y cuanto bajo ningún motivo tenían que revelar. El Sanedrín ya se ocuparía de enriquecerlos más aún y confirmar las mentiras que tenían que difundir para que nunca oídos indispuestos supieran lo decidido por el Maestro, ni lo que nosotros habíamos hecho o de lo que teníamos decidido ocuparnos.

Una vez en el interior de aquella tumba que yo adquiriera con suficiente antelación, pues nuestros planes nunca fueron producto de improvisación alguna, sino todo minuciosamente previsto desde años, desde los días en que a nosotros, junto al Maestro, nos fueron revelados los más trascendentes misterios en las arenas de Egipto, María Magdalena con su ternura y disposición que le fueron por lo permanente características y la firmeza de su carácter, se ocupó junto a otras dos de las mujeres elegidas de comenzar a curar las terribles heridas que había en Su cuerpo.

El Maestro mantenía una lucidez implacable. Tal como había hecho en ocasiones menos privilegiadas, otra vez usó su capacidad para aislar la mente del lacerado cuerpo.

El poder de Su Espíritu que hubo alcanzado era tal que con eso se ayudaba en la curación del cuerpo.

María Magdalena junto con las otras dos designadas atendieron las heridas e hicieron las curaciones necesarias. Para eso usaron las sustancias vegetales enseñadas en la hermandad.

Jesús pudo erguirse un poco. Y dijo: José todo fue perfecto porque todo fue hecho tal como lo dispuso el Padre.

Le respondí: Aun faltan cosas. Debemos sacarte de aquí. Disponer cambios en tu aspecto, trasladarte lejos.

Eso ahora –dijo Él– es asunto menor. Será hecho. Mas lo esencial es lo que ha de cumplir en la mañana esta mujer que ahora está a Mi lado atendiendo mi afligido cuerpo.

Jesús se refería a que en la mañana próxima María debería mostrarse tan sorprendida como todos al hallar la tumba abierta y sin cadáver.

Apenas aquellos que Él había elegido conocían lo que ocurría. A los otros les esperaba una misión diferente.

El Maestro se interesó por cómo se encontraba Judas. Dijimos de su fortaleza espiritual, de su decisión y entendimiento. Mas Jesús dijo: "Temo por él".

Yo entendí que la tarea ordenada a Judas era terrible. Sería aborrecido por todos quienes fueron sus afectos de tanto tiempo. Solo quienes pertenecemos al círculo íntimo del Maestro y hemos planeado junto con Él la tarea para alcanzar la concreción de la Gran Obra mediante el uso de Su cuerpo mortal tenemos certeza de la entrega, obediencia e iluminación del Iscariote. Mas los seguidores de Jesús lo aborrecerán. Quienes sepan de su conducta verán de perseguirlo para calmar sus afectadas pasiones de hombres mediocres, mezquinos y frustrados. Hay entre nosotros quienes mostraron demasiada debilidad y cobardía, otros que van a exhibirla en las jornadas venideras, y lo hecho por Judas les servirá para endilgarle culpas que pertenecen a ellos y sus almas.

Hemos comprobado que Judas es fuerte en Espíritu. Pero él debe quedarse en esta tierra y, tal vez, he pensado, hemos pensado, el Maestro se ocupa por eso, que aún teniendo certeza del bien realizado, de las pruebas iniciáticas que Judas atravesó sin parpadeo siquiera, aún con todo esto, no consiga mantenerse con fuerza suficiente y destruya su vida. María Magdalena, cuyo pensamiento tanta atención pone el Maestro, besó al Iscariote en el momento sagrado de su designación como muestra de coincidencia. Besó su frente, el entrecejo y mantuvo unos instantes sus manos ente los cabellos de Judas y este mirándola con una mirada que a todos nos pareció venida de otro sitio, lloró con lágrimas muy lentas y todo su cuerpo inmóvil. Permanecimos en silencio por un lapso imprecisable hasta que ella expresó que era aquel un momento de gran regocijo y no cabía la tristeza ni el dolor puesto que lo realizado permitiría la transmutación del hombre en Hombre.

Una vez que el Maestro se sintió restablecido como para ser trasladado por nosotros, siempre ayudado por las mujeres colocó sus ropas sin calzado pues las heridas no permitían que lo usara y fue retirado de la tumba.

Quedaron esparcidos lienzos y vendajes. Provocaría mayor impresión para completar el propósito, cuando en pocas horas hallaran el lugar vacío.

Conozcamos, antes de seguir, algunos datos sobre José de Arimatea, propietario de la amplia tumba excavada en roca viva donde es sepultado el cuerpo —no el cadáver— de Jesús con ayuda del sacerdote fariseo Nicodemo y que es depositado cuidadosamente envuelto en lino fino y aromáticas especias que, de inmediato, le ayudaron a comenzar a reestablecerse de las numerosas y algunas muy profundas heridas.

El Nuevo Testamento aporta pocos datos sobre José de Arimatea. *Era rico y un discípulo secreto de Jesús* (Juan 19: 38). Ya aquí surge un tema para el análisis, ¿por qué *discípulo secreto*?

Lucas nos permite saber que era miembro del Gran Consejo del Sanedrín, lo que hace que gozara de reconocida autoridad.

Hombre recto y bueno (Lucas 23:50) Mateo (27:57-60) y Marcos (15: 43-5) coinciden en que fue él quien, personalmente, se presentó ante Poncio Pilato para reclamar el cuerpo de Jesús. Es innecesario resaltar, pero igual lo haremos, que había que ser suficientemente poderoso para conseguir una repentina audiencia con el gobernador romano de Judea.

Ahora bien, aún de este modo, no cualquiera podía solicitar el cuerpo de un muerto. Las costumbres judías indicaban que era deber del pariente masculino más cercano encargarse del entierro. Este hecho ha fortalecido la idea de que se trataba de uno de los hermanos carnales de Jesús, seguramente el de mayor edad y prestigio en la comunidad.

Discípulo secreto, miembro del Sanedrín, hombre poderoso económicamente, hermano, seguidor y compañero iniciático del Maestro... todo lo necesario para convertirlo en persona de confianza capaz de mantener todos los secretos que hubiere necesidad de guardar.

Otros autores ya han llamado la atención sobre las peculiares características de este hombre.

Así Louis Monloubou escribe:

José de Arimatea, hasta entonces desconocido, se enfrenta a Pilato y coloca a Jesús en una tumba digna de él.

Apóstol Lucas. Su evangelio tiene una finalidad pastoral: su intención es la profundización de la fe. Muestra a Cristo como el salvador de los hombres y mujeres, resaltando su espíritu de misericordia.

Por otro lado D. Roure analiza:

Lucas insiste en que el sepulcro, excavado en la roca, aún no había sido usado. Quizá José de Arimatea no creía en que Jesús fuera el Mesías, pero esto no era obstáculo para que trate su cuerpo con el máximo respeto. Sin duda, José se había abierto a la predicación de Jesús sobre el reino de Dios.

Interesante la reflexión de Monlobou en el sentido de que la persona a que nos referimos era hasta entonces desconocida. O sea, no se lo menciona en las Escrituras. Sin embargo, irrumpe sin mayor explicación y con una tarea por demás delicada. A la vez, Roure hace hincapié en dos cuestiones valiosas para entender lo que realmente estaba sucediendo.

La primera es que el sepulcro no había sido usado, a decir de Lucas. Fundamental para un lugar, excavado en la roca, esto es, puro de toda pureza, sin impregnaciones de desarmonías humanas, que habrá de servir de templo singular donde deberá acontecer una de las ceremonias más sagradas en las que pueda participar un hombre, como lo son los rituales que permiten lograr la Gran Obra sobre uno mismo.

El otro detalle a consignar es que Roure comprende también que seguramente José no creía que Jesús fuera el Mesías. Y esto es así pues José tenía conocimiento cabal respecto de lo que le estaba sucediendo a Jesús.

Llegado a este punto conviene explicar al lector por qué nos interesa tanto trabajar con textos fuera de los Evangelios.

Ocurre que las piezas menos conocidas son, a su vez, las que resultaron menos modificadas por copistas y afectadas por intereses político–sociales de cada momento. Obsérvese que el Nuevo Testamento ha sido interpolado y adulterado innumerables veces por los más diversos motivos. En ocasiones meros y no intencionados errores de los copistas o traductores.

Un reciente estudio computarizado hecho en los Estados Unidos sobre textos evangélicos que databan del año 100 al 600 de nuestra era evidenció que, como mínimo, había huellas de setenta y cinco personas distintas interviniendo en la redacción.

Si nuestras lecturas avanzan sobre los textos no canónicos encontremos revelaciones igualmente interesantes. El Evangelio de Pedro expresa que José de Arimatea era –además de todo lo antes dicho– nada menos que amigo personal de Poncio Pilato.

EL EVANGELIO DE NICODEMO

El Evangelio de Nicodemo es el que incluye relatos que parecen surgidos de la más fértil imaginación; pero que analizados adecuadamente arrojan mucha luz para entender qué estuvo pasando en aquellos tiempos fundadores, hace unos dos mil años.

Afirma Nicodemo que después de la crucifixión, el Sanedrín ordena encarcelar a José de Arimatea. Esto se hace con esmerado cuidado a punto tal que la puerta de su celda es cuidadosamente cerrada de manera que en modo alguno pueda huir. Empero –siempre de acuerdo a Nicodemo– estando en su encierro apareció Jesús resucitado y lo transportó milagrosamente a su casa. Una vez allí le indicó que permaneciera cuarenta días.

Al abrir la celda y hallarla vacía, los sacerdotes quedaron muy sorprendidos puesto que los cerrojos y la cancela no estaban rotos ni siquiera forzados. Lo sucedido los llevó a admitir públicamente que José era una persona de tal desarrollo espiritual que le escribieron una carta con disculpas y le pidieron que se reuniese con ellos en la misma Jerusalén.

Durante la reunión José manifestó varias cosas pero una en particular es clave y, al parecer, hasta el presente no se tuvo muy en cuenta. Veamos.

José aclara que Jesús se manifestó en el interior de su celda y que con su ayuda consiguió salir de la misma hasta aparecer en su residencia. Y de inmediato agrega que también *había otros resucitados además de Jesús*. Un tema esencial. Aquí se advierte cómo todo lo ocurrido no ha sido más que una puesta en escena de una historia previamente establecida.

El mismo grupo al que pertenece José de Arimatea, después de la "muerte" de Jesús, ordena encarcelarlo para transmitir a quienes lo escuchen un relato absolutamente iniciático.

Los cuarenta días que Jesús le indica debe permanecer en su casa sin salir es el símbolo del aislamiento previo a una nueva ceremonia de iniciación. El traslado, sin necesidad de instrumentos ni herramientas físicas, materiales, perceptibles, es símbolo del desarrollo pleno del Espíritu, búsqueda esencial de todo iniciado. La carta pidiendo disculpas y reconociendo sus capacidades es algo así como el salvoconducto que allana cualquier complicación futura. Y la aclaración de que hay otros que fueron capaces de resucitar implica algo valiosísimo: es la certeza de que lo realizado por el Maestro ha sido hecho igualmente por otras personas… y que también acontecerá en lo futuro.

La transmutación es posible para toda aquella persona –hombre o mujer– que acepte seguir las indicaciones del Padre; aún aquellas que desde la mentalidad profana uno preferiría dejar de lado. "Padre", aquí, debe leerse como "Maestro." No hay iniciación posible si, previamente, no fue establecida una correcta interrelación Maestro/Discípulo.

Es conocido que existe, entre los denominados apócrifos, uno atribuido a José de Arimatea también llamado *Declaración de José de Arimatea*. Pero no tiene ninguna relación con el texto que acabamos de transcribir (con estilo agiornado al castellano coloquial actual). Hay otro apócrifo que es la *Narración del Pseudo José de Arimatea* y también existe el *Tránsito de María*, supuestamente un Evangelio escrito por José de Arimatea.

Tanto este como otros valiosos documentos hallados en Egipto durante la fiebre expedicionaria de la segunda mitad del siglo XIX permanecen ocultos a las miradas profanas. Desde el momento mismo de su hallazgo fueron cuidadosamente preservados y sometidos a un exhaustivo análisis de reconocidos especialistas, todos ellos pertenecientes a órdenes iniciáticas creadas muchos siglos atrás.

Sería un buen ejercicio –que, además, llenaría de sorpresas– para el lector realizar el trabajo de cruzar los siguientes datos: nombres de expedicionarios famosos que realizaron hallazgos en Egipto y su pertenencia a sociedades secretas. Habida cuenta de la cantidad de información fidedigna que hay hoy en Internet la tarea es muy adecuada para una noche serena o una tarde de domingo frío y lluvioso. Se podrá comprender, de esta manera, que aquellos arriesgados ingleses, franceses, norteamericanos e, inclusive, alemanes, belgas e italianos no recorrían, con verdadero esfuerzo, el país del Nilo solo con inquietudes arqueológicas, sino que también estaban tras la recolección de documentos a los que, de una u otra manera, se menciona desde muy antiguo en las escuelas esotéricas.

Sobre el Evangelio de José de Arimatea puede decirse que fue rescatado –junto con otros documentos que tratan de la vida de Jesús así como la de otros importantes iniciados contemporáneos a Él– de entre los restos de una gran edificación, que se hallaba cubierta de arena desde hacía siglos, en la que funcionó una de las afamadas escuelas de misterios en los días del gran esplendor de la civilización egipcia.

De acuerdo a nuestras informaciones algunos de estos rollos viajaron –siempre en el más absoluto secreto– a los Estados Unidos y en 1892 miembros de la famosa y legendaria Pinkerton National Detective Agency fueron contratados para asegurar el traslado del material desde la costa atlántica a una región mediterránea no determinada.

En ese lugar funcionaba –y, entendemos, todavía es así– una biblioteca conformada solo por textos de temas religiosos y espirituales donde trabajan varios expertos en traducción e interpretación de lenguas comunes al Oriente Medio de hace dos milenios.

Todo lo que estamos señalando puede resultar entre extraño e increíble para quienes carecen de datos suficientes. Lo usual es suponer que los Evangelios son solo cuatro y conforman el Nuevo Testamento. Pero no es así. Desde el primer siglo hubo decenas de estos testimonios. Algunos más comprensibles para la población de entonces; otros casi incomprensibles por abordar cuestiones filosóficas o teológicas complejas.

Tomemos, por ejemplo, el llamado Evangelio de Simón Pedro (Simón Bar Jonas) del cual fueron hallados fragmentos durante una exploración en tierras faraónicas en el invierno de 1886/7. O sea que ya lleva más de un siglo de descubierto. Pero es muy raro que se lo mencione.

La gente ni siquiera suele pensar que un Evangelio, por más que se lo considere apócrifo, pueda haber sido encontrado en Egipto.

El Evangelio de Simón Pedro

Era el invierno de 1886 a 1887 en Ajmin, antigua Panópolis, la época en que se puede trabajar en las excavaciones en el Alto Egipto sin sufrir las elevadas temperaturas reinantes en otros momentos del año cuando, de entre las cosas guardadas en el sepulcro de un monje cristiano, se rescataron 66 pliegos de pergamino, datado alrededor del siglo VIII, que contiene fragmentos de varios textos apócrifos. Entre ellos se encuentra una copia fragmentaria del Evangelio de Pedro, en griego.

Cómo era realmente en su versión original este escrito; es imposible tener certeza. El fragmento rescatado comienza en mitad de una escena. Por otro lado, y como se verá luego, el hecho de haberse encontrado junto a los despojos mortales guardados en esta tumba, la cantidad de 66 pliegos, dos veces 33; una cifra simbólica mueve, como mínimo, a prestar atención y tenerlo en cuenta.

El trabajo está redactado en primera persona. En su versículo 20 el autor se presenta con el nombre de Simón Pedro. Estudios actuales descartan que sea de autoría del apóstol. Los fragmentos llegados a la actualidad son los correspondientes al Juicio, Pasión y Resurrección. Pero lo que aquí interesa señalar es que advertimos marcadas diferencias con respecto al Nuevo Testamento.

En lo que hace al origen de estos escritos, al comienzo, los investigadores se entusiasmaron suponiendo que databan cercanos al año 70 de nuestra era. De haber sido de este modo, sus autores (o autor) eran contemporáneos a los acontecimientos mismos toda vez que lo más probable es que Jesús tuviera más de 33 años a la fecha de la crucifixión. Esta es una cifra simbólica conformada por dos veces el número del espíritu. Tres simboliza lo espiritual. Cuatro lo material. Un iniciado que despliega el máximo de su desarrollo espiritual, de su fuerza interior, que consigue absoluta armonía cósmica, puede señalarse con el número 33 y por todo iniciado será comprendido lo que se quiere destacar en relación a las capacidades efectivamente demostradas por esa persona.

Hasta un autor considerado académico y cristiano como Armand Puig –decano de la Facultad de Teología de Cataluña– refiere en su biografía de Jesús que, por un lado, empezó su vida pública después de los 30 años; probablemente a partir de haber cumplido los 35 años. Y, por otro, que su nacimiento hay que ubicarlo entre el 1 de octubre del año 7 antes de nuestra era y el 30 de septiembre del año 6 antes de nuestra era.

El número 3 también se halla implícito en el 12; así se habla de "los doce discípulos" como un grupo especialmente elegido cuando lo cierto es que se torna imposible conocer con certeza cuántos lo conformaron habida cuenta de que, por ejemplo, se han quitado de las Escrituras toda referencia a los discípulos de sexo femenino. ¿Acaso aquella mujer que lava los pies del Maestro y luego los seca usando sus largos cabellos podría ser una desconocida? ¿Cualquiera llegaba hasta la mesa del Señor y este aceptaba que lo atendieran de tal manera? Doce es una cifra siempre presente en el terreno simbólico: los 12 trabajos de Hércules, las 12 constelaciones del Zodíaco y tantos otros ejemplos. Dos veces 12 conforman las 24 horas del día. Doce horas antes de mediodía, doce horas después de mediodía.

Actualmente se acepta que el Evangelio de Simón Pedro data de la primera mitad del siglo II.

El fragmento del Evangelio de Simón Pedro comienza con una frase asombrosa:

Pero de entre los judíos nadie se lavó las manos, ni Herodes ni ninguno de sus jueces.

O sea que echa por tierra lo que canónicamente se brinda como cierto. Cabe destacar que con posterioridad al hallazgo del manuscrito de Ajmin fueron rescatados otros tres breves fragmentos que le corresponden. Uno de ellos procede aparentemente de una copia del siglo II o principios del siglo III en el que José de Arimatea solicita el cuerpo de Jesús para darle sepultura (Vers. 23/24 Ajmin). Los otros dos, sobre los que no puede establecerse con justicia a qué se refieren debido a su brevedad, lucen cual

Castigo divino cayendo sobre Herodes,
en un grabado de Otto Venio.

diálogos entre el Maestro y Pedro. Los expertos insisten en que como no se corresponden con el manuscrito de Ajmin, podrían no ser parte de la versión inicial del Evangelio atribuido a Pedro.

Pero continuemos observando diferencias entre los textos canónicos y este otro. Y que encajan perfectamente en un relato de sucesos iniciáticos.

Es obvio que este texto habría resultado de muy difícil entendimiento –si no de absoluta incomprensión– para el mundo profano. Nada de esto sería entendido por el pueblo y mucho menos serviría para crear una religión.

Veámoslo en detalle.

En el relato de la Pasión, es Herodes, no Pilatos, quien ordena la ejecución de Jesús, y tanto el monarca como los jueces se niegan a declararse inocentes de la sangre de Jesús.

Al momento de la crucifixión el evangelista escribe:

Mas él callaba como si no sintiera dolor alguno (versículo 10).

Recordemos aquí las características del iniciado según lo expresan los sacerdotes de las escuelas esotéricas del Antiguo Egipto:

El discípulo de Hermes era callado, nunca discutía ni trataba de convencer a nadie acerca de nada. Encerrado dentro de sí mismo, se absorbía en meditaciones profundas y finalmente, por este medio, penetraba en los secretos de la Naturaleza. Se ganaba la confianza de Isis y entraba en relación con los verdaderos iniciados.

Según el mismo escrito cuando parece estar a punto de expirar Jesús grita con la energía que aún habita en su cuerpo:

¡Fuerza mía, fuerza mía, tú me has abandonado! (versículo 19)

Una expresión que difiere en mucho de aquella que encontramos en Marcos (15:34)

Dios mío, Dios mío, ¿por qué me has abandonado?

De acuerdo al relato atribuido a Simón Pedro se desprenden cosas importantes para nuestro estudio. En primer lugar queda evidenciado que Jesús estaba practicando algún tipo de trabajo espiritual o mental sobre su cuerpo de manera tal que el castigo recibido no le afectaba en la forma en que normalmente hubiera sucedido en cualquier persona normal.

A la vez, cuando se enoja consigo mismo porque las fuerzas flaquean es, sin dudas, a causa de que está haciendo efecto el fuerte anestésico que le fue administrado en la esponja que, para el entendimiento profano estaba embebida en vinagre, pero que era en realidad una sustancia para provocarle casi de inmediato un estado similar al coma profundo del que sería rehabilitado una vez depositado en la tumba –sin estrenar y adquirida para ese propósito exclusivamente tiempo antes– propiedad de José de Arimatea.

Sigue el relato señalando la aflicción de los discípulos (versículo 26) y coincide con Mateo (27:62-66) en que los sacerdotes piden a Pilatos soldados para que vigilen la tumba. Pedro agrega que entre ellos había un centurión de nombre Petronio. Los discípulos afligidos son la gran mayoría, todos aquellos que ni idea tenían sobre los verdaderos planes del Maestro. La guardia que piden los sacerdotes hace suponer a quien no entiende la trama que es para evitar que la piedra que cierra la tumba sea removida; en verdad la causa es opuesta. La labor de estos hombres será la de permitir el ingreso de José de Arimatea, María Magdalena y el resto del grupo, evitando que miradas indiscretas pudieran observar lo que estaba reservado solo a iniciados.

Llegado a este punto es importante advertir que, a partir del momento en que Jesús es depositado en la tumba, esta se convierte en un templo, en un lugar sagrado; sabiamente se elige un sitio amplio y excavado en la roca que simboliza el reingreso al útero materno –en este caso nada menos que la Gran Madre Tierra– de donde saldrá renovado, en plenitud de sus poderes humanos magnificados al extremo posible que solo los grandes iniciados se encuentran en condiciones de alcanzar.

El templo o logia siempre tiene guardianes externos que aseguran privacidad y alejan a quienes apenas buscan curiosear. Aún hoy en día, aunque más no sea de manera alegórica, las sociedades secretas e iniciáticas –rosacruces, Masonería– hacen referencia a quien cuida exteriormente el templo y mantiene lo que sucede en el interior fuera del alcance de las miradas profanas.

El Evangelio de Simón Pedro trae relatos sobre temas que no figuran en el Nuevo Testamento. Por ejemplo, refiere sucesos ocurridos tras el depósito del cuerpo de Jesús en la cueva. Explica que, además de los guardias romanos, había otras muchas personas congregadas allí. Precisamente las miradas indiscretas a que nos referimos antes, pugnando por acercarse a la tumba y, seguramente, tocar la piedra de acceso a la que de inmediato se le estarían atribuyendo poderes milagrosos, o solo para mirar qué estaba pasando.

Por eso fueron necesarios los soldados actuando a modo de cuidadores externos del sitio sagrado donde ocurrirían los pasos finales de la Gran Obra, de la Transmutación Perfecta en la persona de Jesús el Nazareno.

La versión incluida en este texto es plena en símbolos esotéricos. Así el versículo 35 señala que en la noche los estremeció *una gran voz en el cielo* y fue entonces cuando se abrieron los cielos y bajaron de ellos dos varones en medio de un gran resplandor. *Dos varones en medio de un gran resplandor*; o lo que es igual: dos seres de Luz o "de la Luz". Ocurrió en ese momento que la piedra puesta en la puerta del sepulcro se retiró a un lado y los dos varones entraron en él. ¿Se movió sola la piedra? ¿Acaso fue un efecto psikinético de los que hoy explica la parapsicología pero que, por entonces, parecía algo milagroso?

Agrega el evangelista que mientras los guardias despertaban a su centurión y le explicaban lo acontecido, todos vieron a tres hombres saliendo por la puerta del sepulcro, *dos de los cuales servían de apoyo a un tercero, y una cruz que iba en pos de ellos* (versículo 39). Tres –una vez más el número del espíritu–. Ninguno de los cuales se parece a Jesús, sino que se los describe como de *gigantesca estatura.* Se escucha una voz proveniente de los cielos, que pregunta: *¿Has predicado a los que duermen?* Y la cruz responde: Sí (versículo 41-42).

¿Has predicado a los que duermen?, puede tomarse como una expresión para referirse al centurión que dormía y a otros que también lo hacían en los alrededores. Pero no es así. El término "dormido" es usual para referirse a quienes todavía "no vieron la Luz", los que no atravesaron siquiera una primera iniciación que les permita "despabilarse", "perder el sueño", "abandonar la dormición" que simboliza estar en la oscuridad de la ignorancia, desconocer la tradición hermética, los principios primordiales.

El relato agrega que, al día siguiente, cuando María Magdalena llega hasta el sepulcro, lo encontró vacío, con un joven vestido de blanco sentado sobre una roca en el interior de la sepultura.

En la parte final del manuscrito fragmentado leemos:

Yo, Simón Pedro, por mi parte, y Andrés, mi hermano, tomamos nuestras redes y nos dirigimos al mar, yendo en nuestra compañía Leví el de Alfeo, a quien el Señor... (versículo 60).

Capítulo III
Acerca de lo iniciático

S i bien habremos de desarrollarlo en un capítulo especial
conviene, para que el lector tenga certeza sobre a qué
nos referimos cuando llamamos a Jesús "el Iniciado",
dedicar algunos párrafos introductorios a este proceso merced al
cual, desde la más remota antigüedad, el hombre persigue la Iluminación; esto es, la capacidad de desplegar en plenitud y armonía sus dotes espirituales, intelectuales y materiales.

Iniciación es un término derivado del latín *initium*, que significa "principio".

En el campo profano (el de los "no iniciados") lo usual es que
en lugar de referirse al sendero iniciático lo denominen doctrinas
herméticas o hermetismo, atribuidas al legado del dios egipcio
Thot y entendido como la disciplina que busca desentrañar la
naturaleza oculta en los jeroglíficos y símbolos procedentes de los
más antiguos tiempos de la civilización faraónica. Griegos y

romanos tomaron esto de los egipcios, aunque con otros nombres. Thot es Hermes Trimegisto (tres veces grande, siempre el número tres, el del espíritu) y Mercurio para los romanos.

Pero, ¿cuál es este saber de misterios atribuido a Thot pero igualmente supuesto por otros, procedente de la antigua, legendaria, mítica e histórica Atlántida y aún de otros orígenes menos difundidos? Se trata mucho más que de conocer cómo funcionan las leyes universales para, luego, servirse de ellas; lo que es la búsqueda del todo científico a través de la razón, la observación y el experimento.

Lo iniciático es la magia; la alta magia blanca y, ya sabemos, la magia para existir requiere del mago o lo que es lo mismo el maestro, el sacerdote, el sabio. No hay aquí un interés por aprender poniendo lo descubierto por fuera de la persona. En la iniciación de lo que se trata es de que cada uno viva acorde con las leyes universales y sea las leyes universales.

Desde esta perspectiva (la esotérica) y no otra (la científica o exotérica) es que el iniciado desarrolla la investigación del principio de la vida, de las propiedades ocultas, de las virtudes escondidas (alquimista) y de las relaciones que se establecen entre los cinco reinos que recién entonces muestran entre sí afinidades y rechazos: minerales, vegetales, animales, humano y trascendente. Entretejido que una vez vivenciado permite la aprehensión de cadenas o de series susceptibles de comprender los secretos de la naturaleza.

Es el nacimiento del hombre mediante el fuego natural y divino que crea (*poiesis*= generar de la nada) y genera los seres.

El camino iniciático es un requerimiento esencial para adquirir verdadera "clarividencia", no en el sentido parapsicológico sino de su etimología: "ver claro", adquirir la comprensión de la totalidad, superar la percepción de la persona común que se detiene en el suceso para no prestar atención al proceso. Después de la caída, pasado aquel tiempo Primordial al que evoca y refiere la tradición Hermética, épocas en que la iniciación no existía, pues el humano la tenía desde el momento mismo de su nacimiento, todas las civilizaciones debieron apelar a las escuelas de misterios o de sabiduría o, más recientemente, llamadas "sociedades secretas" donde, siempre guardando el entramado maestro/discípulo, poder adquirir la verdadera luz a la que no se accede por la razón ni la percepción. Es una labor que requiere una actitud especial frente a la vida y una manera de vivir diferente a la común. Las órdenes iniciáticas son las que conservan los secretos esenciales del universo mismo.

Queda establecido, entonces, que desde los más antiguos tiempos, en el proceso que conlleva cada una de las iniciaciones, el candidato debe necesariamente pasar por una serie de pruebas espirituales, intelectuales, morales y físicas acompañadas de diferentes purificaciones, siempre conducido por un maestro, a quien no ha visto, pues cuando se encuentra con él tiene los ojos vendados y tampoco conoce con anterioridad. Quien cumple ese rol, según las escuelas, se lo denomina con diferentes nombres, entre ellos Experto y Hermano Terrible.

La doctrina hermética es la corriente esotérica que más ha influenciado en el esoterismo occidental. Sus textos fueron atendidos por los filósofos más extraordinarios de cada tiempo, habiendo permanecido hasta el presente la mayoría de ellos y siendo motivo de estudios hasta en el ambiente universitario aunque, claro, por esto mismo, desprovistos de toda la abundancia esotérico/iniciática que es la verdadera semilla de tales trabajos.

Filón de Alejandría, Anaxágoras y Platón, quien hizo su aporte al cristianismo primitivo –San Agustín hace referencia de ella en *De civitate dei*–, e influyó en otros escritores cristianos como Boecio, Lactancio, Orígenes, Dionisio, Juan de Scotto, fueron fundamentales para el desarrollo de lo que ciertamente ha de llamarse un esoterismo cristiano.

Igualmente entre los árabes caló el hermetismo: Jabir Ibn Hayyan, Al Razi y en un texto corto del hermetismo llamado *La Tabla Esmeralda*, en la cual se expresan principios naturales y filosóficos, expone las leyes que rigen los cambios en la naturaleza y constituye un verdadero breviario de alquimia.

En la Edad Media la hermética tuvo entre sus cultores al célebre padre de la medicina que fue Paracelso, al afamado alquimista Raimundo Lulio y a otro pilar de la medicina como Maimónides.

No todos quienes así lo manifiesten son admitidos para atravesar el sendero iniciático. A su vez, y es fundamental tenerlo en cuenta, no hay autoiniciación posible. Esto significa que es imposible iniciarse a uno mismo.

El proceso iniciático requiere obediencia y entrega al maestro (es a quien los evangelistas dicen que Jesús llama Padre) aún cuando este ordene misiones o tareas de difícil realización o que provocan disgusto (es cuando Jesús expresa: *Padre aparta de mí este cáliz para seguidamente agregar: Pero hágase tu voluntad y no la mía*) puesto que el maestro conoce, por ser quien lo entrena, cuánto puede realizar el discípulo toda vez que sea capaz de superar sus miedos que, como todos los miedos, son siempre apenas trabas psicológicas.

El iniciado ha comprendido que los miedos son horizontes que debe atravesar y que es bueno y fundamental que se le presenten, ya que de esa manera puede, efectivamente, constatar cuál es su real grado de evolución integral.

Se denomina "candidato" a todos quienes habrán de iniciarse. Y "profanos" a los que siguen en el mundo común de la mediocridad sin entender el porqué de su existencia en el Universo. El profano solo ha conocido las experiencias mundanas

Miniatura de un manuscrito del siglo XV sobre *De civitate Dei*, de san Agustín (Biblioteca Real, Bruselas).

permaneciendo en el plano pasivo contrario al del iniciado que siempre es activo. Esto explica la causa por la cual prácticamente todas las personalidades que han quedado en la historia pertenecieron a una o más órdenes esotéricas e iniciáticas.

En todos los manuscritos antiguos que refieren al origen de las órdenes iniciático/esotéricas se hace mención a Hermes. En este punto hay que andarse con cuidado porque una lectura superficial puede conducir a equívocos. Hermes ha servido para dos designaciones bien diferentes en la historia sagrada.

La primera es Hermes en tanto divinidad –el dios Mercurio de los romanos y de los egipcios Thot, como dice Diodoro Siculo Thot– Hermes es el Dios mago que aparece junto a la diosa Isis mientras esta busca devolverle la vida a Osiris (curiosamente; o no tan curiosamente… una vez más el concepto de muerte y renacimiento o resurrección, tan antiguo como la humanidad misma).

Así se lee:

…él vino a enseñar la grandiosa doctrina secreta de la Luz interna a los Sabios Sacerdotes de los templos.

Les enseñó que la luz era universal y que esa Luz era la posibilidad que todos los hombres tienen para abandonar la ignorancia y sumarse al plan del Gran Arquitecto del Universo, o lo que es lo mismo, regresar a los tiempos primordiales, o: vivir en plena armonía con el cosmos todo.

El segundo es Hermes Trimegisto, un hombre, un humano, quien fue un famoso legislador, sacerdote y filósofo egipcio, que vivió hacia el año 2630 a.C. Este Hermes enseñó a los hombres la escritura, la música, la medicina, la astronomía, el ceremonial para el culto de los dioses y también enseñó a ciertos discípulos –aquellos que superaron exitosamente las pruebas iniciáticas– las ciencias secretas, la magia, la alquimia, la astrología, transfiriéndoles el conocimiento de los antiguos misterios.

A nuestro juicio este Hermes Trimegisto humano no es sino uno de los maestros que abandonó la Atlántida antes del cataclismo que destruyó la isla. Se dice que escribió treinta y seis libros (muy probablemente se trate de una cifra simbólica por ser un múltiplo de tres) sobre teología y filosofía, y seis (lo mismo esta cifra que es dos veces tres) sobre medicina. Todas estas enseñanzas fueron recogidas y redactadas en el Delta del Nilo en los siglos II y III d.c., reorganizados con el nombre de Hermética y está constituida por tres libros: *El Corpus Hermeticun, El Asclepios* y los *Fragmentos de Stobeo.*

Toda la filosofía hermética se basa en siete principios: el principio del Entalismo, el principio de Correspondencia, el principio de Vibración, el principio de Polaridad, el principio del Ritmo, el principio de Causa y Efecto, el principio de Generación.

La orden Masónica como las escuelas de Zoroastro y, claro está, todas aquellas cimentadas en la transmisión de Hermes, tienen como regla o denominador común la iniciación progresiva. Se trata de organizaciones depositarias de los antiguos misterios, aquellos que resguardan la tradición hermética basada en los principios primordiales; un tiempo anterior a cuando sucedió la caída (simbolizada en el Antiguo Testamento por la pérdida del Paraíso). El hombre original, aquel que no había "caído", el que residía en la Paraíso espiritual, intelectual y material, no requería atravesar iniciación alguna para comprender los principios universales, respetarlos de manera permanente, vivir en armonía y, claro, no conocer pasado ni futuro, nacimiento ni muerte.

Las ordenes iniciáticas –inclusive aquellas egipcias donde recibió iniciaciones Jesús que también las atravesó entre los esenios, para convertirse finalmente en el Maestro Jesús, todo producto de un proceso perseverante, esforzado, proactivo– cuentan con doctrinas filosóficas que se desarrollan a través del simbolismo, característica especial de este tipo de transmisión que relatan la pérdida y recuperación de la palabra (la transmisión nunca es escrita) a la vez que conllevan la búsqueda (quizás sea más correcto decir "el encuentro") con lo que puede designarse sin temor a equívocos como la verdad trascendente que conduce a la plenitud.

Si algún objeto de culto hay en las órdenes o escuelas iniciáticas este solo ha de ser la búsqueda de la luz. Luz simboliza varias cosas: energía, conocimiento, claridad, bien, progreso, fraternidad, hermandad y, en síntesis: poder. Contrariamente a lo sucedido con las enseñanzas del Maestro Jesús –mal interpretadas por seudoseguidores profanos y emperadores aviesos– lo iniciático no tiene relación alguna con creencias o religiones. Los fundamentos iniciáticos son de orden eterno, no están elaborados para un momento o una coyuntura. Su principio es la Justicia inmutable aplicada en comunión con las leyes del universo.

Lo iniciático es la única manera hallada hasta hoy de conseguir la real igualdad de oportunidades reconociendo la existencia del orden jerárquico, que solo concluye con la muerte física, y mira como necesarios los grados de la iniciación y la clasificación de cada persona en mérito a su más acabado desarrollo.

Cada quien puede aceptar "tomar su cruz y seguirlo"; esto es: toda persona está en condiciones de intentar el recorrido de su sendero iniciático, mas está en él lograrlo o no, en la medida en que acepte poner en riesgo su existencia y deje de lado la vida cómoda. Por eso dice "deja tu familia, deja tu casa, deja tu trabajo, deja tus cosas y sígueme". Es la propuesta para una transformación trascendente, acabada, transmutadora, una verdadera obra alquímica y no, apenas, un entrecruzado de retazos como la mayoría pretende desde el siglo XVIII hasta la actualidad.

El maestro Serge Raynaud de la Ferriere –creador de la Gran Fraternidad Universal– define a la escuela iniciática como el lugar donde se practica una disciplina, al que no ingresa todo el que quiere sino quien en verdad realizó los méritos necesarios.

En las escuelas u órdenes iniciáticas se lleva adelante una enseñanza preparatoria diferenciada por grados, siendo necesario para superar etapas aprobar evaluaciones, por lo general de tipo vivencial, antes de acceder al grado siguiente. Tales escuelas no se fundan más que de tiempo en tiempo, a lo largo de la historia, y la razón es muy simple: se trata de centros esotéricos en los que se procura conservar intacta la tradición iniciática –aquella de los principios primordiales anteriores a la caída– con su Alta ciencia verdadera y siguiendo los preceptos de los sabios. Dicho de otra forma: es todo lo que puede encerrar un santuario donde es posible transmitir los sagrados misterios y el simbolismo que permite descubrir la ciencia divina.

Cuando la iniciación se realiza tal como corresponde, siguiendo la antigua tradición hermética, adquiere las condiciones de un acto sagrado que no se compra ni con todo el oro de la Tierra, no se negocia en los gabinetes, no se regala, ni se toma por la fuerza. Se obtiene por derecho propio, por conocimiento, por experiencias extremas vividas y superadas. En una de sus máximas manifestaciones esto es lo que significa el Calvario de Jesús. Una iniciación no se recibe desde afuera para adentro, es una verdadera alquimia que acontece simultáneamente de espíritu, mente y cuerpo; transforma a la persona en su integridad interior y no solo en su envoltura exterior.

La iniciación le abre al profano el sendero que habrá de seguir, un camino de simbolismos tradicionales que llevan incorporadas verdades universales.

Después del cataclismo natural que destruyó la Atlántida, los sabios maestros, que, por supuesto, conocieron a tiempo lo que estaba por acontecer pudiendo retirarse sin inconvenientes de aquella isla rodeada de otras más pequeñas donde habían constituido una civilización maravillosa a nuestros ojos, continuaron con la transmisión iniciática a uno y otro lado del Atlántico.

En lo que corresponde al propósito de este libro, es importante señalar que para esto se construyeron grandes edificaciones, todas figuras geométricas simbólicas cargadas de cifras que solo puede entender quien avanza en su grado de desarrollo tanto espiritual como intelectual y material. De este modo, en Egipto, las iniciaciones tenían lugar en las tres grandes y sagradas pirámides: Keops, Kephren y Mikerinos. Las dos primeras mencionadas tenían comunicación subterránea con el templo de la Esfinge en cuyas profundidades se hallaban los templos donde se realizaban los rituales finales. Esta es la causa por la cual tanto las tres (una vez más el número sagrado) pirámides y la Esfinge se encuentran, a partir de ese momento, en la simbología de todas las órdenes iniciáticas como la masónica y los rosacruces.

Una de las más renombradas –y aún recordada– orden iniciática egipcia fue la de la Escuela de Misterios de Eleusus. La iniciación tenía lugar en el Templo de Ammon y demandaba un tiempo realmente prolongado. Antes de considerárselo digno de conocer los augustos misterios, el candidato debía demostrar su valentía atravesando pruebas diversas. Entre las físicas que podemos revelar aparecían, por ejemplo, la de atravesar subterráneos oscuros, permanecer tiempo aislado, superar el fuego y remontar torrentes, aceptar ser introducido en un sarcófago que era cerrado. Tras el éxito en tales empresas llegaba el proceso de purificación mediante fuertes corrientes de agua que surcaban la cripta del templo.

La sabiduría iniciática enseña las diferentes tradiciones, menciona las distintas escuelas, las variadas filosofías, no pertenece a ningún dogma y está por encima de todas las religiones y

Busto de Solón de Atenas, uno de los sabios griegos que influyó muchísimo en el pensamiento occidental.

de todas las doctrinas. De allí que alcanza con leer los Evangelios para advertir que el rabí (maestro) Jesús no instauró ninguna religión ni pidió a sus seguidores que se adscribieran a alguna. Antes bien, una y otra vez reiteraba la importancia de atender a lo que estaba establecido y, por la misma forma en que hacía su prédica, requería de sus seguidores un rol activo, no que repitieran sus dichos sino que pudieran entender la manera de vivir la vida terrena desde un sitio pleno de acción y crecimiento espiritual.

En las escuelas iniciáticas la transmisión de la sabiduría se hace a través del simbolismo, lo que exige años de estudios exhaustivos para hacerla comprensible. Aquí adquiere razón el axioma: "Cuando el Discípulo está preparado el Maestro aparece" o sea: cuando el aspirante se ha formado una opinión un poco menos profana, entonces es digno de recibir la iniciación.

Queda claro que todo lo esotérico puede únicamente transmitirse por medio de iniciaciones. Cada Iniciación incluye necesariamente varias fases sucesivas, a las cuales corresponden otros tantos grados diferentes. Tales grados y fases pueden ser reducidos, en última instancia, siempre a tres; podemos considerar que marcan las tres edades del iniciado, o las tres épocas de su educación caracterizadas respectivamente en estos tres principios: nacer, crecer, producir.

Jesús había sido admitido en una de las escuelas esotéricas más importantes de Egipto (recordemos que igualmente el abuelo de Solón lo había sido, en la del Templo de Sais, y es allí donde un sacerdote de la misma le narra la historia de la Atlántida que llega a nosotros a través de la palabra de Platón. No es, entonces, un idea de este filósofo griego sino un relato procedente de la última escuela iniciática –de conocimiento público; esto es: conocida por los profanos– que hubo en Egipto, y esto Platón lo aclara muy bien) luego el Maestro permanece un tiempo en la orden de los Esenios, próximo al Mar Muerto donde igualmente atraviesa iniciaciones.

Recordemos que la iniciación no es un acontecimiento único en la vida de una persona sino que a medida que atraviesa nuevas iniciaciones, cada una de ellas de mayor exigencia, avanza hacia su pleno desarrollo.

Las órdenes iniciáticas –también los Templarios lo fueron– suelen constituirse como si fueran círculos concéntricos. El externo, donde están todos aquellos que son dependientes, gravitando en las márgenes del poder ajeno, siendo como hierbas parásitas, a lo cual se refiere Jesús en la parábola *El trigo y la hierba mala* (Mateo 13: 24-30)

De acuerdo con la importancia de cada orden se establece la cantidad de grupos (o círculos) que tendrán. Cada uno de estos conformado por iniciados que se encuentran en el mismo grado de desarrollo personal. El círculo interno lo conforman los iluminados, donde trabajan los iniciados usando la elección sistemática y consciente de los atributos que van a constituir la creación de su propio mundo interior. Es a lo que se refiere Jesús cuando expresa: *A ustedes se les ha concedido conocer los Misterios del Reino de los Cielos pero a ellos no* (Mateo 13/11)

...los Misterios del Reino de los Cielos debe interpretarse como el conocimiento acabado de las leyes que rigen el universo todo. Jesús está refiriéndose aquí, parabólicamente, a todo aquello que obtendrá el iniciado una vez atravesadas las estrechas puertas que conducen de la profanidad al sendero de la armonía. La iniciación permite que la limitada conciencia humana alcance su plenitud; esto y no otra cosa es *conocer los Misterios del Reino de los Cielos.*

Se trata de obtener la sabiduría, algo que surge de lo interno del hombre, de allí que cada cuerpo sea un templo y allí alberga la divinidad. Por este simbolismo y por algunas razones que corresponden a los antiguos Misterios y que no nos es posible revelar en este libro, es que tanto para hebreos como evangélicos y católicos al cuerpo, aún sucedida la muerte, no corresponde profanarlo.

Los evangelistas recuerdan muchas citas del Maestro que hacen referencia a la existencia de una orden iniciática o escuela de sabiduría a la cual Él pertenece y, siempre con parábolas como cabe a todo Maestro, las ofrece a la comprensión de quienes hayan desarrollado lo suficiente su espíritu como para comprender.

Veamos:

Esfuércense por entrar por la puerta angosta, porque yo les digo que muchos tratarán de entrar y no lo lograrán (Lucas 13: 24).

La venida del Reino de Dios no es cosa que se pueda verificar. No van a decir "está aquí, o está allá". Y sepan que el Reino de Dios está en medio de ustedes (Lucas 17: 20-21).

Por lo tanto, busquen primero el Reino y la Justicia de Dios, y se les darán también todas esas cosas (Mateo 7: 33).

Capítulo IV
¿Qué es la Iniciación?

La iniciación puede definirse como un proceso a través del cual el individuo realiza un pasaje de un estado inferior del ser a un estado superior, que implica una transformación estructural de todo el "sí mismo".

Mediante una serie de actos rituales simbólicos que incluyen pruebas físicas y morales que obran profundamente sobre el psiquismo consciente e inconsciente del aspirante, este pasa de ser "profano" a transformarse en un "iniciado", recorriendo un camino caracterizado por una intensa sensación de muerte y renacimiento.

Este renacer simbólico se expresa usualmente como "segundo nacimiento", y se llega a él a través de la adquisición de los secretos que el maestro transmite al discípulo junto a la obtención de la "Verdadera Luz".

Pero no basta solo con obtener esta información, sino que debe haber, previamente, una auténtica disposición del individuo a adquirirla mediante el esfuerzo, la constancia, la perseverancia, tanto como disposición a seguir las propuestas del maestro o guía.

Lo primero que ha de aprender un aspirante es que la iniciación no es un momento, ni un solo ritual, sino un proceso y, como tal, requiere tiempo, dedicación, constancia y gran concentración. Lo iniciático en sí mismo es sinónimo de experiencias y vivencias.

La iniciación tiene como objetivo primordial enfrentar al profano con los miedos que trae de la vida cotidiana y que suelen ser la principal causa que impide a los individuos desarrollar sus fuerzas internas que, por lo general, permanecen latentes y reprimidas. Únicamente cuando una persona pudo enfrentarse a sus miedos más profundos y superarlos queda en condiciones de aquello que hace dos mil quinientos años sentenció Píndaro al decir: "Conviértete en el que eres".

El profano, por lo general, dedica sin darse cuenta la mayor parte de su esfuerzo cotidiano a esconder lo que lleva en su interior: sus reales deseos, las fantasías que de concretarse le darían felicidad, los sueños mismos.

El proceso de iniciación siempre tiene como finalidad producir un cambio en el individuo. Los mecanismos rituales de iniciación existen desde siempre en la sociedad y no solamente para pertenecer a una organización esotérica. Hay rituales de iniciación en prácticamente todas las civilizaciones, marcando el paso de un momento a otro en la evolución individual. Como ejemplo, podemos mencionar aquellos que delimitan el tránsito de la adolescencia a la madurez.

En los pueblos originarios (los primitivos), un nuevo guerrero o un joven, se consagraba cazador al realizar exitosamente una gran cantidad de vivencias extremas, tras las cuales toda la tribu pasaba a considerarlo hombre adulto otorgándosele una serie de conocimientos que le eran vedados hasta ese instante. Con las mujeres ocurría lo propio a partir del momento en que podían convertirse en madres.

El mundo profano ha mantenido algunos rituales simbólicos, pero que ya no implican someterse a situaciones extremas; como ejemplo podemos tomar las fiestas de quince años en las mujeres y las de los dieciocho en los varones, que aún realizan algunas sociedades occidentales.

Desde el punto de vista psicológico, todo ritual iniciático se lleva a cabo con el objeto de marcar el término de una etapa y reafirmar el comienzo de una nueva. Sirve como articulador simbólico de ese pasaje, para confirmarle al individuo que ha superado un estado anterior y que comienza uno nuevo, que el cambio ya se ha producido.

Por eso es que generalmente los ritos iniciáticos se realizan en casi todas las sociedades en los momentos en que se pasa de una etapa evolutiva a otra: se abandona el estado de niño para convertirse en adulto, o se deja de ser joven para convertirse en anciano. Pero para esto se debe atravesar por el rito que impone un proceso por el cual, aunque los cambios físicos y psicológicos ya se hayan producido, se envía un mensaje al mismo inconsciente, confirmándoselos.

Este tránsito de un estadio a otro supone simbólicamente una "muerte" y "renacimiento" que puede ser vivenciada de muchas maneras, de acuerdo a la cultura y la sociedad de que se trate, y muchas veces esto tiene que ver con lo que simbolice para cada una.

En la sociedad occidental, por ejemplo, consumista, y que ha perdido muchos de sus valores espirituales, el anciano está ligado a la inactividad y la improductividad. Entonces, llegar a esa etapa implica decaimiento, proximidad a la muerte física, estar "acabado". Es así como el anciano "sufre" su condición al no ser contenido emocionalmente por el resto de los individuos. Y esto se nota en las pésimas condiciones en que algunos países del Tercer Mundo mantienen a sus "hombres mayores": jubilaciones escasas que les impiden mantener el mismo nivel económico que tenían antes de retirarse de sus trabajos y coberturas médicas con precarios medios de atención.

En tanto, en otras culturas se considera al anciano como el hombre poseedor de la "sabiduría" y que, por ello, debe ser respetado y cuidado con el mayor de los esmeros, como ocurre en Japón, por ejemplo, y en otras sociedades que aún conservan los preceptos de sus antecesores dentro de los cuales se incluyen valores morales y éticos muy estrictos.

Otro ejemplo que podemos citar es el de la obtención de un título universitario. Luego de haber atravesado todo un proceso durante el cual el estudiante debió esforzarse, asistir a clases, rendir exámenes y aprobarlos, emplear mucho de su tiempo y su dedicación, finalmente culmina con una ceremonia en la cual se le otorga el título que modificará su condición para siempre; a partir de ese momento será doctor, técnico o licenciado, pero ya no más un estudiante. Después de haber obtenido los conocimientos necesarios y de haber atravesado por las pruebas que la institución le impuso, queda oficialmente habilitado para utilizar estos conocimientos.

La iniciación esotérica

Regresemos ahora a la iniciación esotérica.

Esta incluye algunos aspectos bastante diferentes a los de la iniciación profana. Y para comprender esto debemos explicar qué es el esoterismo, porque la gente, en general, tiene un concepto bastante alejado de lo que es en realidad.

Lo esotérico es el sendero recorrido (siempre frente a la presencia de un maestro o guía) que, mediante la puesta en práctica de experiencias rituales que implican vivir situaciones arriesgadas para la conciencia por tratarse de vivencias extremas, posibilita la obtención –por revelación– del conocimiento de las leyes universales que rigen el cosmos todo. Leyes esenciales que eran respetadas a rajatabla en la época de la tradición hermética.

El término "esoterismo" procede del griego *eisôtheô* (literalmente: "hago entrar"). Su significado alude a ofrecer a los hombres del exterior el ingreso al interior. Simbólicamente es revelar una verdad escondida, un sentido oculto.

Lo esotérico en sí mismo es una doctrina secreta, una explicación de las leyes universales que solo puede ser revelada en un grupo selecto y de manera secreta. De ahí el sentido de mantener en secreto los antiguos misterios que solo pueden revelarse en el seno de una orden iniciática como ocurre con los eléusicos, esenios, templarios, rosacruces, masones, etc.

Lo exotérico, en cambio, encarnado por la ciencia, es el camino usado por la profanidad también con el fin de descubrir aquellas leyes. La diferencia estriba en que el método científico se basa en el experimento, buscando excluir lo que sucede o no en el investigador. El científico busca que las cosas sucedan "fuera de él".

El método alquímico es una buena síntesis de ambas perspectivas, puesto que mientras el maestro alquimista realiza la transmutación del metal denso en otro noble, su espíritu sufre la misma variación.

Lo exotérico y lo esotérico se dan cita produciendo una real transformación en plena armonía.

En la actualidad hay, al menos, dos grupos iniciáticos que mantienen la idea de amalgamar adecuadamente estos dos aspectos. Uno es la masonería y el otro la orden perteneciente a la Iglesia Católica fundada por San Ignacio de Loyola: la Compañía de Jesús; los jesuitas.

La iniciación esotérica presenta la característica de poseer jerarquías. Esto es porque se considera que desde los "tiempos primordiales" (llámanse así a los anteriores a la "caída" simbolizada por la pérdida del Paraíso) los sabios comprendieron el engaño que existe en afirmar que todos somos iguales cuando, en el universo que es infinito por definición, ni siquiera hay dos pedruscos iguales. Cuando no es posible lo menos, resulta imposible lo más. Esta es una ley cósmica de lógica simple, inevitable e insoslayable. Y, persiguiendo su cumplimiento, las órdenes esotéricas desarrollaron grados o jerarquías, siendo las primeras en utilizar el concepto griego (producto de sus conocimientos extraídos de las escuelas iniciáticas egipcias) de democracia. Pero no es la idea de democracia habitual del mundo profano.

Precisamente, la democracia griega (donde todos son considerados iguales y tienen los mismos derechos y obligaciones) era ejercida por quienes se consideraban pares, compartían intereses, formas de vida y mismas búsquedas. Este sistema, sin dudas, se remonta en la forma en que, aún hoy, eligen sus dignatarios las instituciones iniciáticas. En ellas, de entre todos quienes ostentan el mayor grado, se eligen las autoridades. En muchos casos, esta elección se hace a través de representantes, no con la asamblea completa. Según dicha estructura, quienes aún no llegaron al grado superior deben limitarse a cumplir las disposiciones de los que sí llegaron. Y esto tiene su razón de ser en el siguiente paradigma:

Quien se encuentra en lo alto de la montaña puede percibir acabadamente cuanto ocurre en derredor; lo que está vedado a quienes caminan por el valle.

Éxtasis de san Ignacio de Loyola, por Rodríguez Espinosa
(Museo de Bellas Artes, Valencia)

Esta metáfora implica entender que quien avanzó más en el desarrollo de todas sus potencialidades personales se encuentra en mejores condiciones para decidir qué es lo mejor para todos y guiarlos en ese sentido.

Es por esto que los diversos grados marcan las etapas sucesivas de la iniciación, los diferentes estados de "perfección" que han alcanzado los iniciados, porque el conocimiento se adquiere solo progresivamente, hasta alcanzar el grado de maestro. Y que, una vez logrado este estadío, su perfeccionamiento requiere continuar hasta la extinción de la vida humana misma.

Para comenzar el recorrido hacia la autosuperación y el desarrollo de esas potencialidades que hemos mencionado, el aspirante debe atravesar, primero, el camino de la iniciación, entendida siempre como "proceso" por el cual se abandona el estado de "profano" para transformarse en "iniciado".

Por otra parte, es preciso aclarar que "iniciado" proviene del latín *initium*: "comienzo" y, por extensión, "entrada". El iniciado es, entonces, aquél a quien se ha "puesto en el camino" y, por lo tanto (y a diferencia del místico que recorre su camino en total aislamiento con la sola ayuda de su intuición), debe ser guiado por alguna organización iniciática (de ahí el carácter social de este proceso).

La influencia espiritual

Sin embargo, en la mayoría de los casos lo que esta le transmite o le enseña no es una doctrina propiamente dicha, sino aquello que René Guenón definió como "influencia espiritual", porque lo que se debe desarrollar son estados interiores del individuo y lo que recibe de la orden son *métodos preparatorios para la obtención de esos estados.*

Estos métodos son "incomunicables" al profano, porque cada uno "personaliza" de alguna manera los datos que aporta el simbolismo tradicional de los ritos para la obtención del conocimiento que le permitirá al iniciado su propio desarrollo espiritual. Por eso es que la iniciación no es para cualquiera, en el sentido de que debe existir en el individuo una predisposición a adquirir esos conocimientos, una "aptitud natural" sin la cual los ritos no tendrían sentido alguno.

A través de la iniciación, el individuo lleva sus potencialidades latentes al acto, y una vez alcanzado este estado, se hace permanente, es decir que nunca más se vuelve al estado anterior.

Es por esta razón que, por ejemplo, los masones no consideran a un adepto que abandona la orden como ex masón, sino que lo designan con la expresión de "masón en sueños".

Además, debemos agregar que el individuo que atraviesa el proceso de iniciación no lo hace en forma pasiva, sino que posee un rol activo fundamental. Si bien es guiado, debe cooperar con todo su ser, este es un requisito indispensable.

Los ritos iniciáticos practicados por las sociedades secretas son considerados "misterios" que el iniciado, por juramento, se compromete a no revelar jamás a los profanos.

Aristóteles, respecto a los Misterios de Eleusis, decía: no aprender, sino experimentar. Es decir que no se aprendía una doctrina secreta sino que se experimentaban sensaciones y sentimientos que modificaban en forma permanente al individuo.

La experiencia que se vive durante la iniciación es incomunicable porque es personal y porque implica un distanciamiento del mundo profano sin dejar de participar en él. Lo que vivencia el iniciado no puede ser descrito por el lenguaje habitual, que es lineal y unívoco.

En *El retorno de los brujos* Louis Pauwels y Jacques Bergier postulan al respecto:

El lenguaje de la conciencia es vivido, no dicho. Es en este sentido que hay un secreto. No hay secreto por voluntad delibe-

rada de misterio. Hay secreto porque existe una diferencia inexpresable.

Y agregan:

Veamos otros dos aspectos del secreto:
1. Funcional: la prohibición de revelar, no ya las palabras, sino los gestos realizados en el lugar de la iniciación es un elemento de la acción psicológica. Es también el fermento de la coagulación del grupo. Es, en suma, un medio de estructurar la personalidad, siempre amenazada de dispersión por ella misma y por el mundo. La pertenencia a una sociedad que tiene sus secretos es un camino hacia la individualización. Y esto representa, aún para mucho tiempo, según Jung, la única posibilidad de existencia del individuo, más amenazado de anonimato que nunca. Y el propio Jung dice también: "Del mismo modo que, en virtud del secreto, el iniciado se prohíbe el regreso a una colectividad menos diferenciada, así también el individuo, para realizarse, necesita un secreto que, por alguna razón, él no deba ni pueda revelar. Tal secreto lo obliga a aislarse en su propio secreto individual (...) Solo un secreto que no pueda traicionarse, sea por temor o por la imposibilidad de formularlo con palabras descriptivas, impide la retrogradación a la colectividad".
Los regímenes totalitarios, al prohibir las sociedades secretas (o discretas), aunque no sean políticas ni religiosas, se atienen menos al contenido del secreto que a la función de tal secreto, que es, precisamente, recordar al hombre la autonomía de su ser.
2. Ligado a lo vivido: Nueva colaboración de pensamientos y actitudes; largo camino por el laberinto de la individualización; intercambios psicológicos en el interior de la comunidad de iniciados: verse de otro modo; nueva relación consigo mismo, con los demás y con el todo. Ello constituye, propiamente, una nueva vida, inexpresable como toda vida interiorizada.

Para ejemplificar el proceso de iniciación, tomaremos la iniciación pitagórica, que muestra cómo se llevaba a cabo el ingreso de los aspirantes a la escuela de Pitágoras y la predisposición que debían tener para lograr acceder finalmente a la misma.

Pitágoras había dispuesto que los aspirantes estuvieran en su escuela durante tres años y en silencio. Su enseñanza debían adquirirla atendiendo a lo que los ya iniciados hacían. Mientras tanto, acompañaban y prestaban servicios que no implicaran el conocimiento de los misterios. Cuando los maestros entendían que el aspirante estaba en condiciones, se lo sometía a un proceso iniciático severo.

Se le comunicaba al aspirante que habría de sometérsele a una prueba. Podía rechazar la oferta y abandonar la escuela si así lo quería, ninguno de los miembros habría de interrogarlo sobre por qué motivo desistía. Caería en el olvido de aquellos con quienes había compartido en riguroso silencio los últimos tres años de su vida. Volvería al mundo profano y eso era todo.

A quienes aceptaban la prueba se los llevaba al interior de una cueva o habitación tal que, al cerrarse la puerta, ni el más mínimo rayo de luz llegara. En el lugar solo había una mesa y algo para sentarse.

El aspirante era sentado con una lámpara, un recipiente con agua, pan, una pizarra y tiza. Antes de cerrar, el maestro designado indicaba un problema que, durante su aislamiento, aquél individuo debía resolver. Siempre se trataba de una cuestión insoluble (claro que el enclaustrado ignoraba esto). Por ejemplo: "Indique cuál es la cuadratura del círculo".

En su soledad, la persona debía graduar el consumo de agua y pan, cuidar que la luz no se apagara y resolver el enigma. Todo esto, ignorando cuándo la puerta volvería a abrirse. El aislamiento era tal que no podía tener conciencia de ningún modo de cuánto era el tiempo transcurrido.

Finalmente la puerta se abría. El aspirante salía con su mente confundida, la percepción perturbada y el cuerpo debilitado. En esas condiciones era llevado inmediatamente a un auditorio a cielo abierto donde lo aguardaban todos los integrantes de la escuela. Pitágoras era el único ausente. Se situaba al aspirante de pie, sobre una especie de pedestal, haciéndole sostener la pizarra y la tiza utilizadas para responder el interrogante. Frente a él estaban los maestros, a su izquierda los iniciados de primer grado y a la derecha los de segundo.

El maestro designado preguntaba en voz alta si había sido capaz de dar respuesta a tan simple pregunta. El aspirante decía lo que podía o lo que se le ocurría que, por supuesto, no era correcto. Entonces, la asamblea prorrumpía en estertóreas risas y burlas. Se le permitía volver a explicar. Hecho esto, y otra vez errado, las burlas se hacían más y más crueles.

Cuando la carga emocional lo superaba, el aspirante tomaba uno de dos caminos. El más frecuente era agredir de palabra (e incluso hubo casos en que también lo fue de hecho) al grupo que se burlaba. El aspirante comenzaba a afirmar que allí todos eran unos tontos, que él ya no quería pertenecer a un sitio así, que todo había sido un error y que esperaba de aquellos hombres otra cosa.

Mientras el aspirante seguía con sus insultos, alguien, de lejos y a sus espaldas, hacía su aparición. Era Pitágoras que decía:

Puesto que, según tu entendimiento, has comprendido lo que somos y adviertes que somos indignos de tu presencia, ya mismo abandonas nuestra escuela y nos olvidas para siempre como ahora mismo hacemos contigo.

Aunque no todos, muchos aspirantes en ese momento comprendían su error y que se había tratado de una prueba para conocer la templanza adquirida y medir el verdadero interés que guiaba al aspirante. De nada valía ya cambiar de opinión, pedir clemencia u ofrecerse y empezar de nuevo. La suerte estaba definitivamente echada. Había reprobado y esto era para siempre.

Pero también otros reaccionaban diferente. Eran los que, destrozados sus nervios por la imposibilidad de dar una respuesta adecuada y agobiados por las burlas tan crueles, caían de rodillas en la arena pidiendo que se aceptara su error y que no se lo excluyera por esto de la escuela. Gritaban que seguirían limpiando en silencio, aprendiendo con apenas mirar, que estaban dispuestos a lo que los maestros ordenaran pero que no se los invitara a irse.

Avanzada esta confesión del aspirante, sus palabras eran interrumpidas por Pitágoras que surgía de lejos y a sus espaldas. Con expresión cálida y protectora, manifestaba:

Puesto que has demostrado con tus hechos que es tan importante para ti ser de los nuestros en cualquier sitio que se te designe, a partir de hoy, contamos contigo.

Luego, la asamblea en pleno dejaba sus escaños para dirigirse a la arena, ayudar al aspirante a ponerse de pie e inmediatamente cubrirlo de abrazos y palabras de aliento.

Ahora sí comenzaba el verdadero proceso de iniciación. Le esperaban siete años de exigentes enseñanzas, tras lo cual atravesaría los ritos iniciáticos.

Este ejemplo ilustra perfectamente la manera en que los individuos que deseaban ingresar a una orden iniciática eran puestos a prueba para captar sus condiciones y predisposición a recorrer el camino iniciático. Su rol debía ser esencialmente activo pero humilde, reconociendo su inferioridad respecto a quienes ya habían atravesado el sendero de la iniciación y poniéndose en sus manos para adquirir lo que él estaba buscando.

Según Jámblico, Pitágoras residió algún tiempo con los esenios en el monte Carmelo, y de ellos obtuvo gran parte de sus conocimientos y brindó, a su vez, los propios. Esto es importante

Arithmetica and Geometria

porque se relaciona con la teoría que planteamos en esta obra: que Jesús fue un Maestro Iniciado por esa orden. La similitud que encontramos entre Jesús y Pitágoras así lo demuestra, ya que los dos dividieron sus enseñanzas en esotéricas y exotéricas, y Jesús también clasificó a sus discípulos en neófitos, hermanos y perfectos, aunque su magisterio público no duró lo bastante para formar escuela.

Esto lo reafirman Filón y Josefo, que manifestaron que Jesús, después de pasar su adolescencia y primera juventud en los monasterios del desierto y de haber sido iniciado en los "misterios", prefirió la vida independiente de la predicación, convirtiéndose en terapeuta errante.

Si nos guiamos por los Evangelios, podemos afirmar que Jesús creía en la reencarnación como los esenios que, a su vez, habían incorporado este concepto de Pitágoras.

Otra similitud la constituye el hecho de que Jesús hablaba en parábolas y metáforas como los esenios y los nazarenos. Los galileos no lo hacían de ese modo y es por esto que se admiraban de oír a su compatriota expresarse de aquel modo, y le decían: *¿Por qué les hablas en parábolas?* (Mateo, XIII, 10); y él les respondía como un verdadero Maestro Iniciado: *Porque a vosotros os es dado saber los Misterios del Reino de los Cielos; mas a ellos no les es dado. Por eso les hablo en parábolas; porque viendo no ven y oyendo no oyen ni entienden* (Mateo, XIII, 11 y 13).

En la imagen, el destacado pensador griego Pitágoras acompañado por Euclides. Miniatura del siglo XVI. Biblioteca Nacional Central, Florencia.

Capítulo V
La historia de Jesús antes de Jesús

Toda luz viene de Oriente; toda iniciación de Egipto.
Cagliostro

En Internet suele circular un texto que lamentablemente no lleva firma –por lo que solo habremos de consignar la fuente de dónde fue extraído– y que nos ha parecido muy interesante para dilucidar ciertas cuestiones de las que nos ocuparemos en este capítulo. Por dicha razón, decidimos transcribirlo:

No hay ni un solo exégeta que no haya observado o reconocido que, en la vida de Jesús, hay un vacío oscuro, un periodo del que no se sabe absolutamente nada. Para los docetas y todos los gnósticos en general, Jesús aparece de forma repentina, sin que se sepa de dónde viene. Es asimismo en Cafarnaun donde fijan su primera aparición. Otros la sitúan en el vado del Jordán llamado Beta-Abara, en el pueblo de Betania. En ese periodo desconocido de la vida de Jesús el rumor público judío incluía su estancia en Egipto, con el fin de estudiar allí la magia.

En efecto, en Israel existía una tradición sólidamente establecida según la cual Egipto era la patria de dicha ciencia, y que no se podía tener mejor maestro que un egipcio. Para todo talmudista sincero, experimentado, uno de los tesoros robados a los egipcios cuando tuvo lugar la salida de Egipto (cf. Éxodo, 12, 35-36) fue precisamente ese conocimiento, y los famosos "vasos de oro y de plata" que los israelitas tomaron sutilmente de las gentes de Egipto la víspera de su partida en masa hacia la Tierra Prometida no eran otra cosa que las claves (los vasos, los secretos) del doble poder mágico (el oro y la plata), todavía representado esotéricamente mediante las dos llaves de oro y plata que figuran en el blasón de los Papas.

Quizá la clave del enigma crístico se encuentre en Egipto, y no solo porque se desconoce qué pudo hacer Jesús allí, sino porque también pudiera ser que fuera en Egipto donde surgió la propia teología cristiana, y más concretamente en el Serapeum de Alejandría, que se encuentra bajo una esfinge del desierto, donde fueron iniciados los primeros judíos cristianos en los secretos del culto a Serapis-Osiris.

A este respecto, hay investigadores que han encontrado sorprendentes similitudes entre la vida de Jesús y la de otro hombre-dios, Osiris, que como el Maestro de Nazareth murió y resucitó al tercer día marcando el sendero a recorrer por sus fieles. De hecho, los paralelismos entre las creencias egipcias y cristianas son desestabilizadores, hasta el punto de que hay quien se plantea que la vida de Jesús no fue más que un plagio de textos egipcios.

Toda una serie de historiadores, escritores y teólogos que en las últimas dos décadas han prestado especial atención a una idea extremadamente heterodoxa: que la mayor parte de las proezas de Jesús narradas por los evangelistas –canónicos y apócrifos– ya se encontraban ampliamente descritas, y a veces con las mismas palabras, en antiguos papiros e inscripciones religiosas egipcias.

Tal como señala el periodista e investigador español, director de la revista española "Más Allá de la Ciencia", Javier Sierra, "este tipo de paralelismos vienen siendo interpretados desde dos ángulos bien diferentes entre sí".

Uno de ellos apuesta porque el Jesús histórico se formó en Egipto y que, por tanto, exportó a Palestina aquello que le enseñaron en tierra de faraones. El otro, en cambio, toma partido por la hipótesis extrema de que Jesús nunca existió como tal, que su vida, su pensamiento y sus enseñanzas se copiaron textualmente de fuentes egipcias.

Para los primeros, los Evangelios y hasta el Talmud (una serie de escritos hebreos de gran importancia histórica y religiosa compilados a partir del siglo III d.C.) demuestran que Jesús pasó parte de su infancia en Egipto. Exactamente desde su fuga de Palestina hasta su reaparición en el Templo de Jerusalén a los doce años de edad. El Evangelio de Mateo narra, en efecto, la huida de sus padres tras desatarse la feroz persecución de Herodes contra el futuro Mesías, y el Talmud incide en la procedencia egipcia de Jesús y el hecho de que los romanos lo prendieron acusándolo de practicar la hechicería egipcia.

De hecho, varios de los milagros atribuidos a Jesús eran propios de los magos egipcios.

Para los defensores de un punto de vista más radical, esta interpretación se queda corta. Para ellos, no es que Jesús fuera un mago adoctrinado en Egipto, sino que toda su vida está calcada de textos y enseñanzas acuñadas junto al Nilo.

Uno de los principales defensores de esta tesis es el teólogo, psicólogo y lingüista español Llogari Pujol. Este erudito catalán y exsacerdote descubrió los paralelismos entre la figura de Jesús y ciertos credos egipcios hace más de dos décadas. Tras abandonar los hábitos y casarse con una historiadora alsaciana, Claude-

*Brigitte Carcenac, ambos compartieron desde entonces su apasio-
nada investigación. En 1987, Claude-Brigitte publicó parte de sus
averiguaciones en una versión reducida de su propia tesis docto-
ral, que tituló* Jesús, 3.000 años antes de Cristo. *En ella se expone
que el cristianismo nació como tal en Alejandría, influido por los
muchos judíos que antes del siglo I se habían adscrito al culto del
dios Serapis, una forma helenizada de Osiris, y que mezclaba
creencias griegas con egipcias.*

*Según Pujol, "el nacimiento del cristianismo lo situaría en el
momento en que los judíos se dan cuenta de que les han destruido
el Templo de Jerusalén y deciden construir un nuevo culto". Y si
bien eso ocurrió hacia el 70 d.C., lo cierto es que no existe
ningún documento anterior a esa fecha que hable de Jesús o de
los cristianos. Antes del 125 d.C., fecha en la que está datado un
papiro egipcio con el primer fragmento conocido de la* Pasión de
Jesús *según el* Evangelio de Juan, *no hay ningún documento,
auténtico claro, que demuestre la existencia de cristianos.*

*Las tesis de Pujol va aún más lejos. Tanto él como su esposa
sostienen, además, que los libros del Nuevo Testamento se escribieron íntegramente en Egipto, copiando a discreción fuentes
egipcias.*

*Estos serían los paralelismos principales entre Jesús y
Osiris, y entre los Evangelios y los textos egipcios antiguos:*

Paralelismos: Jesús/Osiris = Evangelios/Textos egipcios

*El escritor griego Plutarco, que vivió entre el 50 y el 125
d.C., narra cómo al dios Osiris lo mataron un viernes y resucitó
al tercer día... Plutarco se limitó a recoger una tradición ances-
tral cuyas raíces se anclan en los primeros momentos de la civilización egipcia. Incluso en los célebres* Textos de las Pirámides,
*escritos sobre los muros de varios de estos monumentos de la V
Dinastía (2465-2323 a.C.), se cita específicamente el tercer día
como el momento en que el cuerpo del faraón, transformado en
Osiris, revive antes de emprender su viaje a las estrellas.*

Osiris, como Jesús, fue asesinado por mediación de personas muy cercanas que les traicionaron (Set, hermano del dios egipcio, y Judas fueron los artífices del crimen). Y también fueron sendas mujeres –Isis y María Magdalena, respectivamente– quienes descubrieron su vuelta a la vida. Hasta el apelativo chrestos *(del griego "bondadoso" o "amable") fue aplicado a ambos personajes.*

Osiris y Jesús comparten incluso el símbolo de la cruz. En el caso del dios egipcio, el ankh *o cruz ansada es sinónimo de vida, mientras que para los seguidores de Jesús su instrumento de tortura se convirtió, paradójicamente, en señal de resistencia a la muerte absoluta.*

En el Cuento de Satmi, *escrito en Egipto más de mil años antes de que Mateo escribiese su evangelio, se narra la historia del nacimiento de un tal Senosiris (literalmente hijo del dios Osiris). Su madre, Mahituaskhit (llena de larguezas, ¿llena de Gracia?) lo concibió de forma muy similar a como el propio Mateo describe el nacimiento de Jesús, anunciado a José por un ángel del Señor, que en el relato egipcio se llama Satmi. Esta historia fue recogida en 1911 por el genial egiptólogo francés Gastón Maspero en su obra* Les contes populaires de l'Egipte ancienne.

Estos, y otros paralelismos entre los Evangelios y la religión egipcia, además de ciertos objetos y símbolos del antiguo Egipto que recuerdan a otros objetos usados en ceremonias litúrgicas cristianas y a figuras bíblicas, no han pasado desapercibidos entre otros investigadores. Por ejemplo, el abogado y periodista angloegipcio Ahmed Osman proponía una reinterpretación radical de la Biblia, pues para él, incluso, el Nuevo Testamento narra episodios faraónicos miles de años más antiguos. Los ensayos de este autor fueron publicados en el Reino Unido, y posteriormente en España con los títulos de Extranjero en el Valle de los Reyes *y* La casa del Mesías, *ambos por la Editorial Planeta. Parte de sus conclusiones: Isaac sería hijo ilegítimo de Abraham, pues Sara, la esposa del anciano patriarca judío, habría sido fecundada por el faraón durante el tiempo en que este la retuvo secuestrada. José, que fue vendido por sus hermanos cuando apenas tenía diecisiete años, y posteriormente ascendió a primer ministro de Egipto, es nieto de Isaac, y por tanto, según la hipótesis de Osman, de sangre real. ¿Sabrían en la corte de su ascendencia –se pregunta Javier Sierra en su artículo* Egipto en la Biblia– *y por eso se convirtió en hombre de confianza del faraón? Osman también afirma que José fue virrey bajo el reinado de Tutmosis IV. Para él, la sepultura encontrada a principios del siglo XX en el Valle de los Reyes entre dos tumbas faraónicas, que no correspondían a ningún rey, sino a un personaje llamado Yuya, rica y extrañamente enterrado en aquel suelo sagrado, y que ostentaba un no menos inexcrutable título: "padre del faraón", no sería otro que el propio José. Lo cierto es que el tal Yuya alcanzó fama y prestigio en tiempos de Tutmosis IV. Tenía tierras en el Delta del Nilo y fue un importante cabecilla militar que no debió haberse enterrado en el Valle de los Reyes... a no ser que por sus venas corriese sangre real. Como la de José. Pero la inexplicable omisión bíblica de nombres faraónicos hace que los expertos naveguen en un mar de hipótesis que, con frecuencia, resultan contradictorias. Y es que, mientras Ahmed Osman sitúa a José en tiempos de Tutmosis IV, Charles F. Aling cree que bajo ese faraón vivió Moisés. De momento, ha sido imposible hacer casar ambas interpretaciones. En su obra* La casa del Mesías, *Osman va mucho más lejos y trata de demostrar cosas como que Tutmosis III fue el rey David, Amenofis III el verdadero Salomón, Akenatón fue Moisés, Nefertiti, la Virgen María y Tutankamon... ¡Jesús de Nazareth! Para Osman, en lo que respecta a los Evangelios, estos fueron sencillamente armados por seguidores de Juan el Bautista, los cuales "inventaron" a Jesús para que se cumplieran las profecías relativas al Bautista y a lo que vendría tras él. Voces críticas contra estas teorías son las del erudito de las sagradas escrituras A. N. Wilson, para el que los paralelismos*

*entre los Evangelios y la religión egipcia debieron de añadirse
más tarde del siglo I, para ayudar a convertir a los paganos con
historias que les resultaran "familiares"..., y la del catedrático
español de Filología Neotestamentaria de la Universidad Complu-
tense de Madrid, Antonio Piñero, que únicamente está dispuesto a
admitir, tal como declaró a la revista "Más Allá de la Ciencia",
que "los paralelismos que existen entre los Evangelios y textos
egipcios anteriores pertenecen al acervo común de la mitología, o
mejor aún de la mitopoiesis o fabricación... Pero no me parece
científico decir que los Evangelios están copiados estrictamente de
textos de, pongamos, dos mil años antes que ellos". Sea como
fuere, terminaremos con estas impresiones de sir Howard Carter,
el descubridor de la tumba de Tutankamon, refiriéndose a dos
túnicas del faraón encontradas entre sus tesoros y que le trajeron
a la memoria "las vestimentas que forman parte de la indumentaria de los sacerdotes, como la dalmática usada por diáconos y
obispos".*

LOS MISTERIOS DE ELEUSIS

La vida de Jesús, tal como nos llega desde la lectura de los
Evangelios se encuentra totalmente impregnada de hechos simbólicos que provienen de culturas anteriores y rituales ya estableci-
dos.

Así tenemos, de origen griego, los misterios de Eleusis que
eran ritos dionisíacos (realizados para sacralizar los favores de
una vida plena y sin privaciones) cuyas técnicas se mantenían en
secreto siendo solo conocidas por los iniciados y tenían lugar en
honor de Démeter y Perséfone; madre e hija. Demeter es hermana
(y esposa ocasional) de Zeus.

He aquí una primera consideración necesaria.

Cuando el dogma católico sostiene: "Padre, Hijo, Espíritu Santo: tres personas distintas y un solo Dios verdadero", inmediatamente un gran interrogante se abre a la mente de casi cualquier persona. ¿Cómo puede ser esto posible?, nos preguntamos. Está fuera de todo sentido racional. Por eso la Iglesia explica que es un "dogma de fe"; hay que aceptarlo sin ningún análisis crítico. ¡Esto no pasaba con los griegos de la antigüedad! Podían aceptar sin complicación alguna, por ejemplo, que Démeter sea a veces la hermana y otras, la esposa de Zeus. Y así tantos ejemplos. Cabe entonces tener en cuenta estos antecedentes para entender de dónde surgirán más tarde tales dogmas católicos.

El Estado tutelaba las festividades eleusinas. Otra señal para recordar cuando se menciona la relación poder temporal/poder espiritual.

Los misterios de Eleusis también llamados "ritos eleusinos" o "misterios dionisíacos" tienen un remoto origen, probablemente en la alta antigüedad griega (700 a.C.)

De acuerdo a la mitología, Hades, la divinidad subterránea, (uno de los elementos utilizados posteriormente por el cristianismo para construir el concepto de Infierno) controlaba a Perséfone, que pasaba parte del año con su madre Démeter sobre la superficie de la Tierra (corresponde a las estaciones de la primavera y el verano) para morar bajo la superficie en los meses fríos, cuando la naturaleza muere.

Los rituales eleusinos se celebraban dos veces al año: unos eran los llamados Misterios Menores, los otros Misterios Mayores. Los primeros tenían lugar en torno al mes de marzo (*anthesterion*) y los mayores en el mes de septiembre (*boedromion*), prolongándose durante nueve días. (Nótese una vez más la aparición de la cifra nueve = tres veces tres; exaltación de lo espiritual.) En ambos casos el culto se iniciaba con una peregrinación –de alrededor de 20 km– que partía desde el *kerameikos* (el cementerio de Atenas) hasta el santuario de Eleusis. Durante el viaje los participantes pasaban por sitios cargados de sacralizad que tenían íntima relación con los significados de la celebración.

Para participar íntimamente de estos rituales era menester haber sido iniciado, lo que implicaba no solo atravesar una prueba sino que eran tres los recorridos que debían completarse.

Poco es lo que ha llegado a nuestros días respecto de cómo estaban constituidos estos pasajes iniciáticos. Se conoce que incluían el aprendizaje de fórmulas mágicas, los estados alterados de conciencia para provocar "visiones", ritos de fecundidad que, necesariamente, implican encuentros sexuales y otros aspectos de los cuales no ha quedado noticia.

Lo que sí ha permanecido en el recuerdo es la parte exotérica; esto es, la abierta a los profanos, al pueblo todo. En las celebraciones, los sirvientes comían en la mesa de sus señores, estaban autorizados a utilizar su indumentaria y hasta tenían venia para insultarlos. En una suerte de remedo del Andrógino, los varones se disfrazaban de mujeres y estas de hombres.

El hecho de que siervos y señores comieran en la misma mesa y ambos utilizaran los mismos ropajes señoriales se encuentra bastante encadenado a varios de los dichos de Jesús relatados por los evangelistas. En cuanto a la integración de lo masculino a lo femenino y viceversa se halla implícita en la simbología del Santo Grial.

Poco de nuevo hay bajo el sol que alumbra de cotidiano la Tierra desde que el planeta forma parte de la esfera celeste.

Los Misterios Mayores, naturalmente de mayor brillo y trascendencia, comenzaban cada 14 de septiembre con la peregrinación desde Atenas. (Catorce = dos veces siete; siete el primer número armónico pues resulta de la suma de 3, lo espiritual, y 4, lo material.) Dos días después, los participantes se bañaban en la bahía de Eleusis. Al día siguiente se realizaban los sacrificios y se ayunaba, al tiempo que tenían lugar juegos en honor de las divinidades. Al vigésimo día del mes se llevaba a cabo una ceremonia

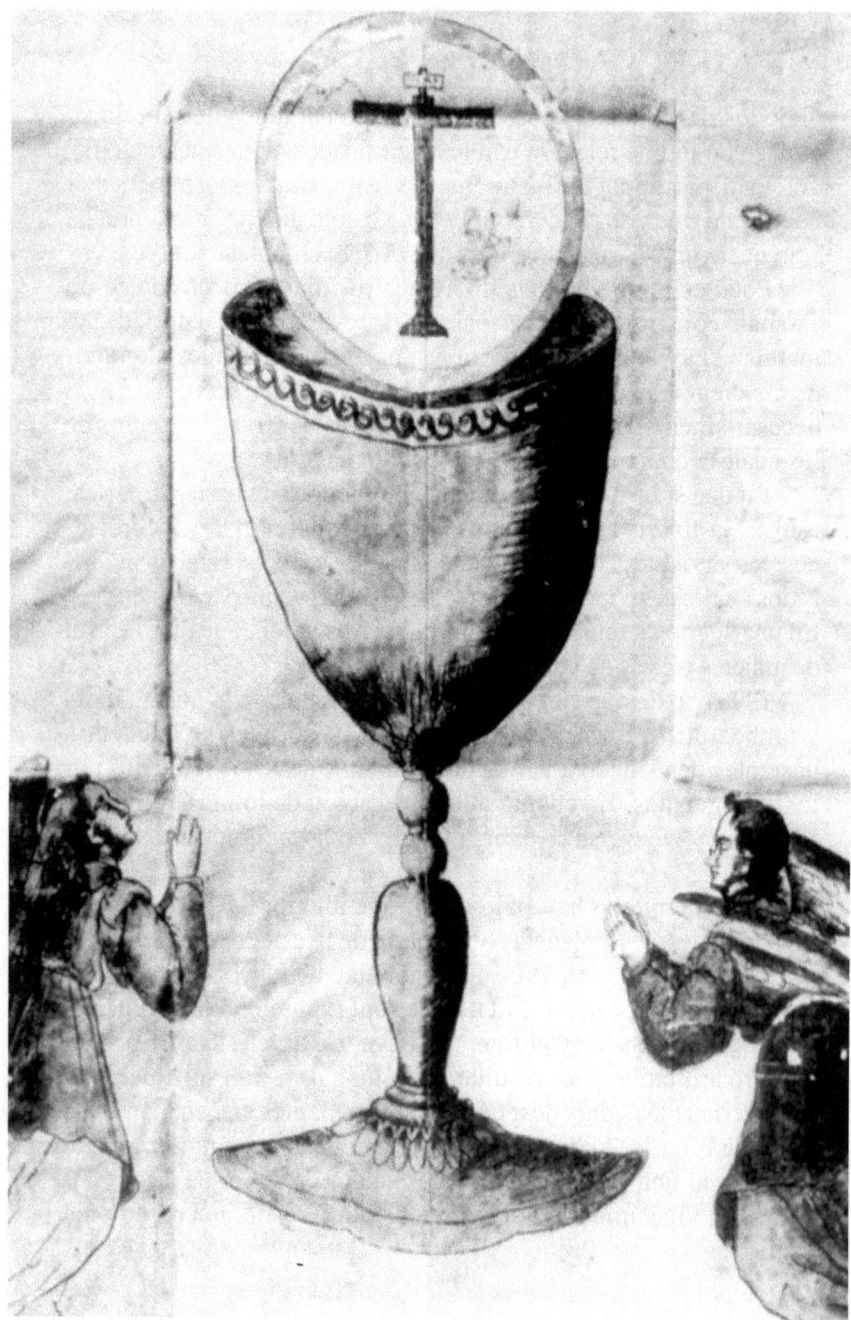

reservada solo a aquellos que habrían de aspirar a la iniciación. Las reuniones eran secretas, celebradas en el Telesterion: el majestuoso Templo de Eleusis.

De acuerdo a lo que se conoce, podemos sostener que en estos rituales –como suele acostumbrarse y no solo en los de la Grecia de la antigüedad– se suministraba sustancias psicoactivas a quienes deseaban ser iniciados –que podían ser varones o mujeres indistintamente– con el fin de provocarles estados alterados de conciencia con los cuales disminuir el umbral de la conciencia, abrirse a vivencias intrapsíquicas inaccesibles de otro modo y, a partir de allí, experimentar profundas vivencias místicas. Lo cierto es que aquellos que se iniciaban vivían una experiencia impactante, que les dejaba profundamente marcados.

Mediante el cumplimiento de los procedimientos rituales que constituyen la iniciación, el aspirante aprendía a dominar las trampas del mundo material, descubría cómo utilizar el poder del pensamiento (recuérdese que el *Kybalion*, que compila las enseñanzas atribuidas a Hermes Trimegisto, comienza con la sentencia *El universo es Mental*) el arte del dominio de las pasiones, las emociones y los sentimientos para, finalmente, ponerlo en comunicación directa con la esencia divina, con la chispa de luz que habita en sí mismo, es decir permitiéndole el diálogo pleno y la puesta al servicio de su padre interno. Donde padre debe leerse como fuerza interna y divina.

El tema no es menor para nuestro trabajo, porque una vez más pone sobre el tapete el hecho de que los maestros, sacerdotes e iniciados tenían un claro conocimiento del uso y aplicación adecuado de sustancias capaces de modificar la percepción. Y así

Antiquísimo grabado en el que se pueden ver a dos ángeles bendiciendo el santo grial. Si bien la copa que usó Jesús en la última cena está perdida, este tipo de representaciones nos ayudan a imaginar su forma.

como aquí nos referimos a aquellas que sensibilizaban a quien las consumía, hay otras que en lugar de disminuir el umbral, por ejemplo, del dolor, lo aumentaban, tornando insensible a la persona a los castigos corporales. Sustancias de este tipo han de haberse utilizado en la persona de Jesús tanto en las horas previas –recordemos la mujer que coloca sobre el rostro del Maestro un lienzo en la marcha del Calvario– como durante la crucifixión –la esponja embebida de supuesto "vinagre"–, y luego en el simulado entierro. Todo necesario para asegurar que, a pesar de los sufrimientos provocados, permaneciera con vida.

Algunos estudios se han realizado sobre las sustancias psicoactivas utilizadas en los rituales eleusinos. Podría tratarse de *kykeon* u hongo del cornezuelo, que puede encontrarse en los cereales.

Los misterios eleusinos mantuvieron prácticamente intacto su prestigio por un extenso lapso. Desde la creación del *Himno a Demeter*, por Homero, (pleno siglo VII a.C.) hasta la destrucción del santuario por Alarico, en 394 d. C. a poco de que Teodosio prohibiera el culto. Un milenio de actividad a lo largo de los cuales nunca disminuyó ni su influencia ni el prestigio del santuario.

Al parecer, el prestigio de los rituales iniciáticos eleusinos se sostuvo en el hecho de su gran antigüedad y en que la pureza del ritual se hubo mantenido sin modificaciones.

Durante las celebraciones eleusinas aparece otro elemento que, después, también formará parte importante en el cristianismo y, más precisamente, en el catolicismo. Se trata del vino. De acuerdo a los evangelistas, Jesús, a petición de su madre, convierte el agua en vino durante un casamiento. Jesús bebe vino en la Última Cena y pide a los presentes que repitan esa ceremonia. ¿Por qué vino y no otra sustancia?

El catolicismo ha querido encontrar en el vino tinto algo similar a la sangre. Es una buena justificación. Pero no el fundamento. Este se anida, en realidad, en el hecho de que Jesús está utilizando un líquido muy frecuente en las escuelas de sabiduría, incluyendo algunas en las cuales Él se formó.

La ingestión de vino favorece, por un lado, la expansión de la conciencia liberándola del estrecho marco del yo, de la normativa, de lo establecido y acostumbrado. Por otro lado, y tal vez más importante en el caso de la Última Cena, es que Jesús reparte pan y vino: dos elementos inherente a los Misterios de Eleusis relacionados con lo dionisíaco, con la vida y, en particular, con la Madre Tierra.

En verdad, al estar utilizando pan y vino, el Maestro trabaja ritualmente –qué no otra cosa que un ritual es lo acontecido en aquella mesa como todo esoterista puede advertir sin mayores dificultades, por lo que no nos extraña la respectiva pintura de Leonardo da Vinci, otro de los grandes iniciados– con el Principio Femenino, hace un homenaje a la Gran Madre. Una arista interesante que parece haber sido ignorada, hasta hoy, por los especialistas en simbologías... Llegado a este punto, cabe aclarar que la iniciación eleusina estuvo siempre abierta a ambos sexos y tanto a ciudadanos como a no ciudadanos. En Eleusis, solo pueden iniciarse personas adultas que supieran hablar griego.

Divulgar rituales, procesos y fórmulas, así como todo cuanto aconteciese en el transcurso de ellos o una vez completado, lo que se aprendiera a posteriori y conociera durante la estancia en el tempo, se consideraba grave sacrilegio, tanto como la realización de cualquier parodia (imitación en el campo profano) una falta mayor.

Es necesario que, para comprender bien la trascendencia de esto, el lector tenga en cuenta que hacemos referencia a otros tiempos, a otras culturas, donde prevalecían ciertos valores que en este siglo XXI se encuentran diluidos. De esta manera puede entenderse cuando Hiparco dice que la vergüenza y desgracia que acompañaba a quien violara un juramento era tan fuerte que el perjuro, en ocasiones, se sumía en tal ataque de locura y desesperación que se cortaba el cuello con sus propias manos. La memoria del perjuro era aborrecida a punto tal que el cuerpo era abandonado en cualquier playa próxima para que no tuviera otra tumba que la arena del mar.

La ceremonia empezaba en el santuario durante la noche, a la luz de las antorchas, como suele acontecer en casi todos los comienzos de un ritual iniciático. La oscuridad. Las tinieblas. La falta de luz. Recordemos que cuando Jesús parece haber muerto en la cruz, de acuerdo con algunos relatos evangélicos, sobrevino la noche, las nubes cubrieron el cielo, etc. Esto no significa que así haya ocurrido en lo meteorológico propiamente dicho. Se trata de una alegoría que busca significar que ese era el momento de mayor oscuridad del sendero transmutador después de lo cual, inexorablemente, se abre camino la luz.

Para comenzar a trabajar sobre esto, si bien lo profundizaremos más adelante, tengamos en cuenta que el lugar donde los iniciados se reúnen recibe recibe el nombre de *templo*. Templo es un término castellano que deriva del sánscrito *tamas* que quiere decir "oscuridad". De esta deriva asimismo la voz latina *tenebrae* o "tinieblas". Lo cual alude a un lugar "oscuro" y "oculto". Esto explica el hecho de que todo trance iniciático ocurre en aquella tenebrosa estancia a la que diversas denominaciones se le han dado: cripta, cuarto de reflexiones, pozo, cueva, tumba o fosa; entre las más usuales.

Es muy oportuno señalar que los rituales iniciáticos que configuraron parte de los Misterios de Eleusis eran acompañados por ciertos relatos –que hoy llamaremos siguiendo a Carl G. Jung, míticos– donde es usual que se haga referencia a dioses que sufren castigos, tormentos, que tienen que atravesar peripecias extremas e, incluso, mueren. Mas lo habitual es que, tras haber muerto, ocurra una recuperación de la vida con la consiguiente resurrección y acceso a la gloria.

De manera que el hecho de que para el iniciado la travesía ritual comporte un cierto sufrimiento físico y psíquico concreto así como experiencias de extrema intensidad, tiene como objeto permitirle conocer su propia reacción ante situaciones límite como el terror, que es un anticipo del terror a la muerte, y sentir que es capaz de superarlos saliendo airoso de ella.

No siempre, aunque haya sido así en muchos casos, estos rituales comportan una promesa de otra vida mejor en el otro mundo. No diferente del mensaje de Jesús; pero aquí cabe preguntarse a qué otro mundo hacían referencia los sabios eleusinos; si a un mundo "fuera de este" o a un mundo que "está en este". La respuesta es: un mundo que está en este pero que es desconocido e inaccesible a los profanos. ¡El mismo reino del que habla Jesús! Porque se trata simplemente, y nada menos, que del momento a partir del cual el iniciado asume su pertenencia al ciclo de la naturaleza y comienza a vivir con total acuerdo a las leyes universales, habida cuenta de que, ahora, las conoce y está inmerso en ellas plenamente.

Es sencillo comprender, una vez más, que a lo que se están refiriendo estos antiquísimos relatos es al recorrido que todo aspirante "a recibir la Luz" debe efectuar para transmutar; un camino iniciático y, por ello, esotérico; vedado a los profanos, del que hay que guardar silencio y que no puede lograrse sin esfuerzos desusados, vivencias extremas y un tipo de "muerte" que no es física, aunque casi todo el cristianismo, no así los gnósticos por ejemplo, se empeñe en acreditar la necesidad de un crimen, de un homicidio palpable, para conseguir la "resurrección" y la comunión con la divinidad.

En modo alguno es de esta forma. Se trata, todo el tiempo, de una muerte simbólica: mueren las malas costumbres, las normales, las comunes. Muere "una manera de ser". Nace una forma nueva, Armónica y por ello ajustada a los procesos naturales, universales, siguiendo y aceptando el orden cósmico. De manera que es una "resurrección" muy particular. Pues si solo de resucitar se tratara, entonces lo que volvería a la vida es lo que ya-había-antes. Y, precisamente, se trata de que nazca-algo-nuevo que habitaba en potencia en la persona pero que sin completar el proceso iniciático nunca habría conseguido estado activo.

Estos relatos de sufrimiento, vivencias dramáticas extremas, muerte física seguida de renovación vital, son muy comunes en los mitos de todas las civilizaciones y las hallamos en cada continente. También en los escritos de los evangelistas.

Capítulo VI
Las escuelas de sabiduría de Egipto

Relatan los evangelistas que el niño debió ser conducido por sus padres, José y María, en una extensa y difícil travesía a lomo de burro con rumbo al país del Nilo para asegurar, de esa manera, su vida. No fueron Jesús y sus padres los únicos en hacer tan esforzado viaje.

Lo que aquellos magos (sabios sacerdotes) venidos de Oriente (Persia) siguiendo la estrella refieren, en verdad, a Herodes es que tienen certeza de que ha nacido una persona excepcional que puede convertirse en un sabio sacerdote (Maestro) de características superiores a las de ellos mismos.

Pero no es solo ese niño, hay otros a los que se puede dar la oportunidad de crecer con la instrucción necesaria para convertirse en reyes (lo que implica "dueño de sí mismo" y no rey como se define comúnmente) y allí están estos "reyes/magos" (reyes –término que los Evangelios no usan pero sí la tradición popular–

en cuanto "capacitados para hacer su propia historia y no vivir la ajena", "dueños de sí mismos", y magos, ya que tienen la capacidad transmutadora propia de quienes practican la alta magia blanca) buscando a tales niños para brindarles las primeras indicaciones a los padres de estos y, de esa forma, permitirles empezar a bien temprana edad con el sendero iniciático.

Todo esto no ha de llamar la atención ni siquiera en nuestros días, ya que aún hoy los maestros de las lamaserías, tras la muerte de un Lama de alta dignidad, salen por el mundo en busca de quien demuestra tener capacidad para reemplazarlo en el cargo, con la consigna creencial de que el fallecido ha reencarnado en el nuevo candidato.

Jesús viajó a Egipto junto con otros niños porque sus padres entendieron las palabras de los "magos venidos de Oriente", a efectos de ser preparados y educados convenientemente para la vida infrecuente que habrían de realizar.

Jesús estudió en las escuelas de misterios egipcias que estaban patrocinadas por los faraones. Aprendió los extraordinarios conocimientos de medicina ocultos al pueblo, que fue la base que le permitió pergeñar oportunamente el plan de acción para su "muerte pública" y posterior "resurrección". Supo también de muy joven y, por los mismos sacerdotes, todo lo concerniente a "la ciencia de la vida" que implica la comprensión cabal y absoluta de las inmutables leyes que rigen el Universo de acuerdo a lo dispuesto por la arquitectura universal.

Tales saberes habrían de permitirle, en el periodo relatado por los evangelistas, efectuar obras que a juicio de los ignorantes parecieron milagros, tener conocimientos de los que carecía la mayoría y poder responder, aún siendo muy joven, con palabras de enorme profundidad a los rabís del Segundo Templo, tal como se cita en el Evangelio. Nada había de extraño ni raro en su accionar si se tiene en cuenta todo el singular entrenamiento de que hubo sido objeto.

Ahora bien, ¿cómo era que los egipcios, si bien en forma muy reservada, secreta, de solo acceso a una calificada minoría, contaban con tan sorprendentes conocimientos?

La respuesta es que aquellos grupos sacerdotales, a veces muy temidos por los faraones debido al poder que guardaban, eran parte de una cadena de transmisión originada en los sabios atlantes que llegaron a esas desérticas tierras tras el hundimiento de la gran isla que los albergaba. Así como otros hicieron pie en las costas de Armórica (luego conocida como América) y Europa.

Los numerosos vestigios de procesos iniciáticos hallados en Egipto demuestran la importancia dada a los ritos de transición en el periodo de la pubertad que formaban parte de la educación de la juventud y se relacionaban con las fiestas de la adolescencia y de la victoria de Horus.

En los rituales de estas escuelas de sabiduría, sustentados también en mitos como el de Osiris, de muerte con extremo sufrimiento seguido de renacimiento, volvemos a encontrar –como no podía ser de otro modo ya que los griegos aprendieron lo iniciático aquí– continuas referencias a la necesidad de "morir" para revivir en un mundo mejor.

Si nos atenemos a Osiris –que es "rey" y, a la vez, "divinidad" ¿se observa el parecido con el Jesús evangélico?– diremos que fue él quien abrió las puertas que llevan al otro mundo a todos los mortales venidos después de él (otra vez: ¿se advierte la similitud con lo atribuido a Jesús en tanto Mesías) y por otro lado Osiris ingresó al mundo de los muertos por primera vez, y también por primera vez, proclamó a la humanidad la certeza del renacimiento de las almas..

El candidato victorioso transformado ya en un miembro más de la comunidad iniciática queda autorizado a decir la plegaria superior:

¡Oh, Osiris! / Señor de las manifestaciones, Grande y majes-tuoso / Heme llegado /Soy el Disco en cada día, / Soy la Eterni-dad, / He salido de Num, / Y mi alma ¡es Dios!

Por supuesto, igual que sucede con la lectura en clave del Nuevo Testamento, donde leemos "muerte" debe entenderse como "iniciación"; esto es: la muerte iniciática, y cuando encontramos ideas de renacimiento, resurrección o regreso del mundo de los muertos al plano humano, lo que hay que decodificar es "logro acabado del renacimiento espiritual".

El iniciado aprendía cómo adquirir las llaves que le permitie-ran abrir las puertas a respuestas siempre anheladas por la profani-dad desde que la humanidad se constituyó sobre la faz de la Tierra. Respuestas correctas, plenas y vitales obtenidas mediante la revelación de los antiguos misterios contenidos en la tradición hermética y con el conocimiento del funcionamiento de las leyes fundamentales del universo hasta en las complejas e infinitas correlaciones que existen entre el macrocosmos y el microcos-mos.

Encontraba el iniciado cómo vivir en consonancia con la armonía universal, logrando de esta forma la transmutación buscada por los alquimistas verdaderos: convertir un individuo común en un ser superior.

Eso es Jesús. El iniciado que va camino a su realización total y absoluta en tanto enseña mediante parábolas de modo que solo los más lúcidos puedan comprender y seguir su mensaje.

La iniciación en su concepción primigenia, pura, original; capaz de volver al hombre a una situación similar a antes de la caída, se basa en una concepción global humana de cuerpo, alma (hoy diremos psiquismo) y espíritu. El proceso iniciático se entiende como el recorrido mesurado y pausado de un sendero desconocido que es iluminado mediante un adiestramiento gradual de todos los aspectos que constituyen a la persona

humana conduciéndolo hacia las cimas del espíritu desde donde
es posible la vida en armonía.

Los sabios decían:

*Para alcanzar la maestría, el hombre tiene necesidad de una
transformación total de sus aspectos físicos, morales e intelectuales. Esa modificación solo es posible por el ejercicio simultáneo
de la voluntad, la intuición y el razonamiento. El alma posee
sentidos que están dormidos, la iniciación los despierta.*

¿Quiénes somos? ¿De dónde venimos? ¿Hacia dónde vamos?
¿Cuál es la misión asignada para cada uno en la arquitectura universal? ¿Qué es la vida? ¿Por qué el hombre está hecho a imagen y
semejanza del Creador? ¿Qué sucede tras la muerte física? ¿Cómo
alcanzar la plenitud de las posibilidades existenciales? ¿Qué es y por
qué ocurre la enfermedad? Todas estas preguntas tienen respuesta
para el iniciado pleno y cabal.

¿Cómo no habrían de tenerlas para Jesús? ¿Qué interrogante
podía serle formulado por aquellos hombres que lo rodeaban y,
aún, por los maestros del Segundo Templo, que Él no estuviera
en capacidad para responder?

Algunas constancias han quedado de aquellas labores trascendentes. Es el caso de Apuleyo, quien en ocasión de su iniciación
en los Misterios de Isis "sufre una muerte voluntaria y se acerca
del reino de la muerte" lo que le permite conseguir un "día de
nacimiento espiritual".

En Egipto, como en todos lados, la regla de oro de la iniciación era el silencio, por lo que ha resultado tan complejo a los
historiadores encontrar datos. Por otro lado, los iniciados hemos
hecho múltiples juramentos y eso nos impide revelar más allá de
cierto límite. Esto es así porque, inclusive, la enunciación de algunos aspectos que hacen a los Augustos Misterios llevarían indudablemente al profano a lecturas equívocas ya que la iniciación es un

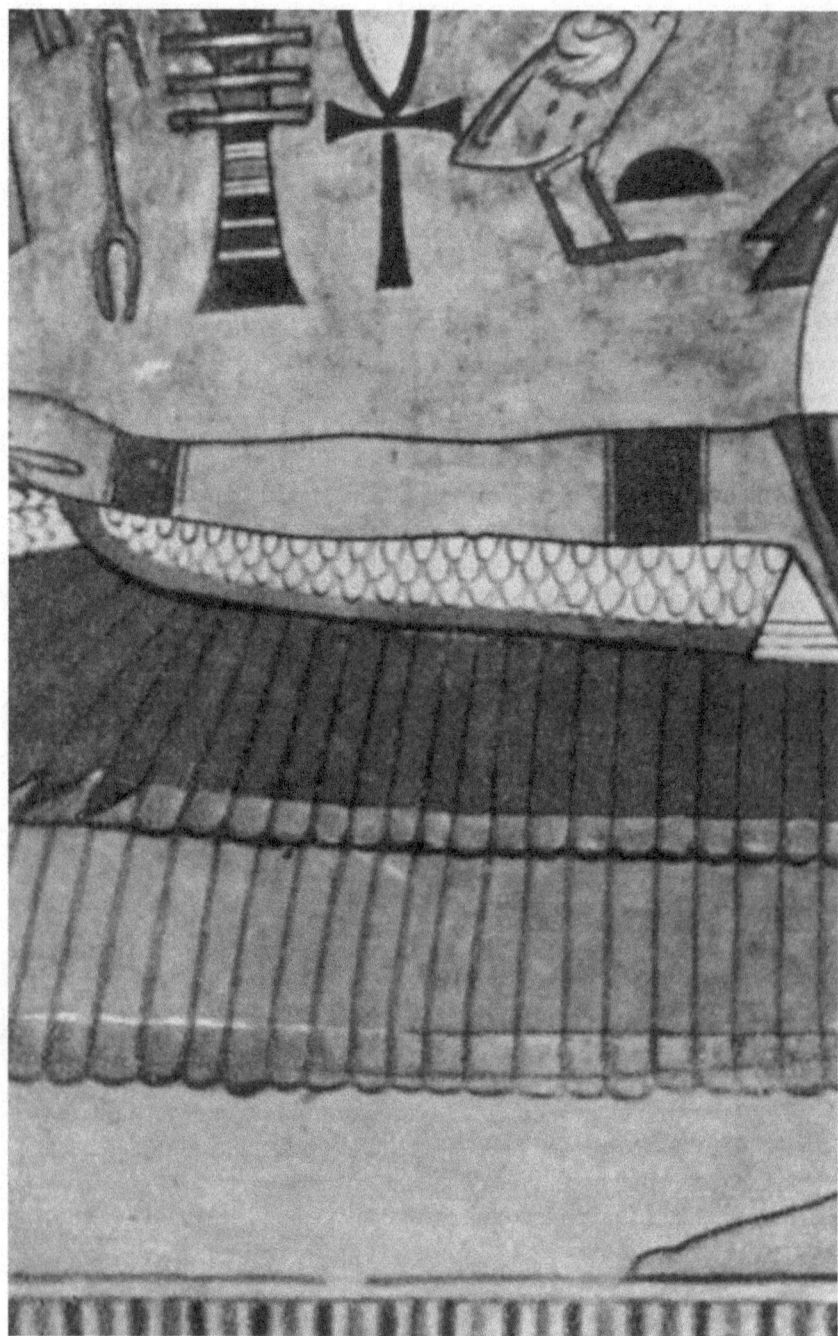

La Isis alada representaba en la mitología egipcia a la "madre". Era la reina de todos los dioses.

proceso que no puede entenderse mediante cursos, lecturas o conferencias, sino que requiere el rol proactivo de la vivencia permanente y peligrosa. Por lo cual, la imagen del secreto hermético en la Época Baja será la figura de Horus en su versión de niño sonriente (Harpócrates para los griegos) que pone su dedo delante de los labios en signo de silencio.

Estas estatuas han sido vistas hasta el cansancio por todos los interesados en el Egipto Faraónico. Y eso es lo que enseñan: el iniciado en forma permanente sostiene la actitud del niño que de todo aprende, todo cuando le acontece, bueno o malo, le sirve para desarrollarse; y es silencioso, puesto que no busca convencer a ninguno ni quiere enseñar lo que no se le pide, y aún en ese caso no lo hará de cualquier modo sino siguiendo los pasos que siempre requirió la tradición hermética.

Los sabios maestros advirtieron que era imprescindible ocultar la verdad obtenida por medios esotéricos con un triple velo (una vez más la cifra tres) que la hiciera inhallable a ojos indiscretos.

Por esto, si bien se admitió en todo momento la existencia de un culto público a Isis y Osiris, se mantuvo, igualmente, en lo interior, la organización iniciática y ritual para el acceso a los pequeños misterios como a los grandes misterios. Ambos fueron hechos inaccesibles para quienes no hubieran mostrado perseverancia, dedicación, franqueza y valor para atravesar con éxito extenuantes pruebas propiciatorias. Hecho lo cual fue exigido juramento de silencio bajo pena de muerte —en medio de terribles suplicios— para el iniciado que los divulgara aún en el menor detalle.

La Iglesia católica se construyó en base al modelo de las escuelas de sabiduría egipcia. Un aspecto exterior y ritual más o menos abierto a la feligresía (la misa, la ceremonia de bautismo, primera comunión, casamiento o confirmación, por ejemplo) y el resto fuera del alcance del pueblo; restringido a aquellos que deciden ingresar como hermanos, sacerdotes, hermanas o monjas. El modelo es

idéntico. Inclusive lo poco que puede ver el público de una ceremonia ritual de consagración de sacerdotes corresponde en su totalidad
a mecanismos y rituales iniciáticos.

Es innegable que la iniciación egipcia se convirtió, de este
modo, en el refugio de la verdadera y pura doctrina esotérica
resultando por otro lado el crisol donde han de surgir las futuras
religiones monoteístas que hoy conocemos.

De acuerdo a Porfirio los sacerdotes de las escuelas de sabiduría:

*Son simples y sin rebuscamiento. No frecuentan ni a sus
parientes ni a sus amigos, y no viven con ninguna persona extraña a la religión. Marchan con decencia, la mirada calma, no ríen
más que raramente, y no exceden la sonrisa (...) son graves,
desprovistos de ambición, y buscan primeramente la justicia. Sus
vidas están consagradas al estudio de las cosas divinas y pasan
sus noches en la observación de los astros. Se ocupan de teore-
mas aritméticos y geométricos, trabajan siempre sobre cuestiones
científicas, descubriendo nuevos hechos y ocupándose en general
del estudio de la Naturaleza.*

El destacado especialista en sociedades secretas Eduard
Schuré escribe que los sacerdotes de Menfis afirmaban:

*...la ciencia de los números y el arte de la voluntad son las
dos claves de la magia; ellas abren todas las puertas del Universo.*

El papiro T32 de Leiden describe que la regeneración del
candidato ocurre mediante la realización de una peregrinación a
los templos de Abidos, Busiris y Karnak. El aspirante realiza de
este modo un viaje geográfico y a la vez psíquico, recreando el
ciclo de Osiris, lo que le permite entramar los tres mundos.

Como a nuestro juicio los griegos tomaron estos conocimientos de aquí, es razonable que posteriormente estas mismas ideas y conceptos, mediante simbología semejante, las encontremos en el ciclo órfico como en los Misterios de Eleusis, lo que las torna mucho más próximas a todo el caudal iniciático, esotérico y simbólico que encontramos en el relato de los evangelistas.

De acuerdo a lo que nos es conocido, el centro mágico más grande de Egipto fue la ciudad santa de Heliópolis, que significa "ciudad del Sol" situada al noroeste de El Cairo. Era la ciudad sagrada del antiguo imperio y allí fue donde se elaboró la teología más antigua que se conserva en gran parte de los llamados *Textos de las pirámides*.

En sus templos había incontables papiros que, desde la alta magia blanca, trataban los más diversos asuntos, habida cuenta de lo ligado que se encontraba lo científico a lo divino. Los sacerdotes o maestros/iniciados constituyeron de este modo una elite que tuvo el privilegio de levantar parte, si no todo, del velo que ocultaban los misterios del destino humano.

La mayor parte de los sabios y filósofos griegos, atraídos por esta fama, se dirigían a ese país y en concreto a Heliópolis para recibir allí ritos de iniciación mística o sencillamente una serie de conocimientos científicos que los sacerdotes egipcios tenían archivados en sus cámaras secretas desde hacía siglos.

La influencia de las escuelas mistéricas egipcias en la civilización helénica bien puede medirse por quienes fueron iniciados en aquellas. Así tenemos a Tales de Mileto quien residió en los templos de Menfis. Anaximandro, sucesor de Tales, trajo de Egipto la división del día en doce horas. Demócrito vivió cinco años en una de las órdenes herméticas lo que le permitió perfeccionarse en astronomía y geometría, temas claves en los estudios de todo iniciado. Pitágoras en el siglo VI a.C. requirió de una recomendación con el sello del faraón Amasis para presentarse ante los sacerdotes de Heliópolis pidiendo ser admitido. Pitágoras, que tanto conocimiento legaría a la humanidad.

Empero, según Porfirio, los sacerdotes desconfiaron haciendo todo cuanto les fue posible para desanimarlo. Comenzaron por enviarlo a los dos templos situados en Menfis. Una vez allí se le indicó dirigirse a los que se encontraban en Tebas y en estos fue aceptado. Pero no fácilmente. Por el contrario, tuvo que aceptar ser sometido a penosas pruebas iniciáticas. Todas las admitió en silencio y de buen grado consiguiendo superarlas para admiración de sus instructores.

Según afirma Jámblico, su iniciación duró veintidós años en los templos de Egipto, bajo el pontificado del sumo sacerdote Sonchis, y allí aprendió la ciencia de los números que luego enseñó a sus discípulos y le diera merecida inmortalidad.

Mary Anderson en su obra *Numerología* dice lo siguiente:

En el siglo IV a.C. Aristóteles afirmó que los pitagóricos suponían "que los elementos de los números eran la esencia de todas las cosas y que los cielos eran armonía y número" y que el sistema numérico creado por Pitágoras está basado en los números del 1 al 9, por lo que el número 9 vendría a representar la perfección.

Ocurrió asimismo en Heliópolis que al abuelo de Solón un sacerdote le informó sobre lo ocurrido en la mítica, legendaria e histórica Atlántida. Este conocimiento fue transmitido verbalmente a Solón quien lo ofreció a Platón que lo plasmó en dos de sus diálogos: "Timeo" y "Critias" siendo estas las únicas referencias que quedaron de la magna civilización atlante.

Allí estuvo el abuelo de Solón viviendo por espacio de casi trece años, por lo que hoy resulta posible conocer al mundo profano que, hacia el 560 a.C. en el Templo de Neith, en Sahis, la última escuela de sabiduría conocida, puesto que luego dejó de tenerse conocimiento público de su existencia, había cámaras secretas conteniendo los archivos de nueve mil años de historia. (Será mucho después el

Vaticano quien adopte el mismo modelo construyendo archivos secretos). Fue, precisamente, en Sahis donde los arqueólogos exhumaron la célebre estatua de Isis con la inscripción jeroglífica que reza:

Soy todo lo que Fue, todo lo que Es y todo lo que Será y mi velo jamás fue corrido aún por ningún mortal.

Una sentencia muy similar a las que utilizará, en su momento, el cristianismo.

Después de Sahis, el sacerdocio egipcio, conformado por el cuerpo orgánico de iniciados que fueron los depositarios de todo cuanto es y hace a la tradición hermética, se retiró al secreto de sus santuarios abandonando toda actividad pública.

Las tres grandes pirámides situadas en Gizeh, a no mucha distancia de El Cairo, nunca fueron tumbas de faraones como pretende la egiptología académica oficial. Antes bien, se trató de templos cargados de simbología y datos solo al alcance de quien pueda entenderlos.

El llamado "sarcófago" de la Gran Pirámide atribuida al faraón Kheops, de una sola pieza esculpida, es, en verdad, una tina de purificación a donde se sumergía al adepto. El ritual usado por Juan el Bautista de sumergir a cada individuo en las aguas del Jordán está originado en las iniciaciones egipcias y no tiene ni el más mínimo parecido con el bautismo católico de hoy.

Ya empieza mal la cuestión al bautizar a un bebé, pues este no tiene libre albedrío para tomar esa decisión.

Para resolver –para decirlo de alguna manera elegante– la cuestión, la Iglesia trajo la presencia de un "padrino" que es quien habla por el bebé.

Las iglesias evangélicas han comprendido más acabadamente el significado del bautismo, de manera que para llevar a cabo el ritual debe tratarse de una persona adulta, la cual es sumergida por completo en una pileta o tina. Lo que inicialmente se perseguía con esto es, precisamente, que el bautizado tuviera el sentimiento de la muerte y el regreso a una vida nueva y diferente.

Juan el Bautista hundía a la persona en las aguas del Jordán manteniéndolo inmerso hasta que esta tuviera una real sensación de asfixia. Allí le permitía levantar la cabeza y respirar. Todo esto tiene su origen en las escuelas iniciáticas desarrolladas a la vera del *Nilo*, una región donde este río caracterizaba la vida.

El reverendo Clymer en su obra *Los misterios de Osiris o la iniciación del Antiguo Egipto* (1978) precisa:

...en el interior de la pirámide había un templo diseñado para enseñar y explicar toda la ciencia conocida y especialmente la ciencia sagrada secreta del alma.

Las Escuelas Herméticas, también conocidas como de Misterios, son tan viejas como la humanidad, su existencia ha sido siempre consecuencia de una necesidad humana, como una forma de memoria colectiva para pasar las experiencias de una generación a otra.

En el antiguo Egipto, fue donde más se desenvolvieron las Escuelas de los Misterios, las que tenían por objeto, aparte de su ritual externo, incorporar a las logias secretas donde se practicaba la filosofía hermética, a lo mejor de la juventud intelectual, la que una vez iniciada quedaba ligada a la logia mediante terribles juramentos y sanciones, de las cuales perder la vida era una de las más suaves.

Initiore, que en latín puede traducirse como "inspirar", es uno de los orígenes del término "iniciado". Otro es *initium*, que en español sería "inicio", "principio", "comienzo", "preparación". Así el iniciado o *mystae* (el que calla) era todo aquel que se preparaba para recibir algo nuevo, algún tipo de conocimiento del que carecía; un saber fundamental.

Hermes Trismegistro es, sin el menor lugar a dudas, el "iniciado", por excelencia. Se lo considera el padre del hermetismo, o sea de un tipo de saber alcanzado sólo por él y por lo cual lleva su nombre.

Se cree que vivió en Egipto, mucho antes que Moisés, y que habría sido contemporáneo de Abraham, del que habría obtenido buena parte de los conocimientos que poseía. Fundador de la astrología y también de la alquimia, Hermes pasó a transformarse en Toth, la principal deidad de los egipcios. Los griegos, en cambio, lo elevaron al Olimpo con su nombre original. Hermes era quien tenía "el poder de la palabra" y "conocía las fórmulas mágicas".

Hermes, el gran iniciado, vivió en Egipto en la más remota antigüedad y fue conocido bajo el nombre de Hermes Trimegisto (o 3 veces grande). Como todo gran hombre su historia se confunde con la leyenda, se le considera el padre de la sabiduría, el fundador de la astrología y descubridor de la alquimia, se ha dicho que fue contemporáneo de las más antiguas dinastías de Egipto, mucho antes que Moisés. Las autoridades en la materia lo creen contemporáneo de Abraham y algunas de las tradiciones judías afirman que Abraham obtuvo mucho de sus conocimientos del mismo Hermes.

Mucho después de su muerte, los egipcios lo deificaron bajo el nombre de Toth, dios principal del panteón egipcio, personificando la inteligencia divina que presidiera la creación disipando las tinieblas. Posteriormente, los griegos también hicieron de él uno de sus dioses: Hermes es el dios de la sabiduría.

Aún en nuestros días, usamos el término "hermético" en el sentido de secreto, reservado, etc. y es debido a que sus seguidores siempre continúan observando rigurosamente el secreto de sus enseñanzas, siguiendo la norma especial de "dar leche a los niños y carne a los hombres".

Transcribiremos ahora un artículo, sin firma, que publica el sitio web *El-Amarna* y que resulta totalmente ilustrativo para nuestros propósitos:

Orfeo dividió los misterios en dos grados: el primero llamado isotérica (público), estos desenvolvían la teogonía egipcia por medio de sus emblemas y moral, y el segundo llamado esotérica (particular a los iniciados) donde se enseñaba no solo el sistema físico de la naturaleza, sino también todos aquellos conocimientos que pudieran influir directamente en la civilización de los pueblos.

El control de los Misterios de Eleusis en los tiempos clásicos quedó en manos de dos familias: los Eumólpidas, de donde se elegía el oficial en jefe o hierofante y los Keryces o heraldos o portador de la doble antorcha, quien era el segundo en el rango llamado dadoukós, el tercer oficial era el hieroceryx o haraldo sagrado, elegido de entre los Keryces, que ejercían el cuidado general del templo, y tenía a su cargo a los aspirantes durante las pruebas de la iniciación. Un cuarto oficial era el Epibomus o servidor del altar que dirigía los sacrificios.

Los misterios estaban divididos en dos grados, los menores y los mayores. En los menores, se celebraban en el templo de Demeter y Cora en Agra cerca de Atenas, allí se enseñaba sobre la vida después de la muerte en el mundo intermedio o astral, la ceremonia era presidida por el Hierofante asistidos por los oficiales, y los iniciados en este grado eran llamados Mystae, que denota cerrar los ojos, y significaba que estaba aun ciego para las verdades que se revelarían mas adelante. En Egipto eran sometidos a duras pruebas y a un severo entrenamiento para el desarrollo de los sentidos del plano astral y su objetivo era preparar al neófito para su recepción en los mayores.

Los misterios mayores, se celebraban en Eleusis durante el mes de septiembre y duraban nueve días, en honor a las diosas Démeter y Perséphone. El Templo de Eleusis se dividía en tres partes: El megarón o santuario, correspondiente al lugar sagrado del Templo de Salomón, el anactorón, o santo de los santos, y el departamento subterráneo bajo el templo. Las regiones inferna-

*les, y el castigo del no iniciado impío era simbólicamente repre-
sentado en este subterráneo, y suponía un episodio del drama de
Demeter, Persephone y Plutón. En ellos la enseñanza de la vida
después de la muerte era extendida hasta el mundo celestial, y se
continuaba con el estudio de la Cosmogénesis y Antropogénesis,
en la cual los iniciados eran llamados Adoptae y significa el que
contempla.*

*La lección, el dogma, el método de instrucción representado
por símbolos, el vínculo secreto de la fraternidad, dieron importancia a estos misterios que perduraron hasta la caída del Imperio
Romano. El orfismo influirá en los primeros cristianos, después de
haber encontrado el pensamiento pitagórico. Será además asimi-
lado en algunos de sus principios esotéricos por grupos iniciáticos
serios en la Edad Media como el rosacrucismo y la masonería. Si
bien nosotros en masonería no heredamos la sucesión de Eleusis
directamente, algo de su inspiración fue recibida en nuestros ritos,
los cuales tienen el mismo propósito, simbolizan los mismos mundos
invisibles y su misión es preparar al candidato para la augusta tarea
que se encuentra detrás de todos los misterios.*

LAS NOTABLES AFIRMACIONES
DEL SACERDOTE LLOGARI PUJOL BOIX

Llogari Pujol Boix fue seminarista durante siete años hasta
ser ordenado sacerdote en el seno de la Iglesia Católica, Apostólica y Romana. Ejerció y, en tanto, continuó estudiando. Se hizo
teólogo en la Universidad de Estrasburgo, e investigó minuciosa y
detalladamente durante una década textos bíblicos y egipcios. En
la Sorbona (con madame de Cènival) aprendió demótico a fin de
poder leer en textos originales.

Al comprobar –a su juicio de manera irrefutable– que los evangelistas copiaban los textos egipcios, perdió la fe, tuvo una gran conmoción espiritual y enfermó. Dejó el sacerdocio.

Tiempo después se casó con una compañera de sus épocas de estudiante. Juntos escribieron una obra clave para la mejor comprensión sobre quién fue aquel Maestro. Se trata de *Jesús, 3000 años antes de Cristo. Un faraón llamado Jesús* (Plaza & Janés) Llogari Pujol lo define así: *Es un estudio, de hecho, de literatura comparada...*

Para este investigador español, la figura de Jesús es un calco de la teología oficial faraónica. Así, por ejemplo, tanto Jesús como el faraón tienen dos naturalezas (humana y divina) y ambos son hijos de Dios. Siguiendo dicho criterio, los autores originales de lo que luego devino el Nuevo Testamento, fueron sacerdotes del Templo de Serapis; pero que eran judíos de tercera o cuarta generación que desde antaño convivían con otras comunidades. Residentes en el barrio Delta de la célebre Alejandría, donde había barrios judíos, griegos y egipcios.

A la muerte de Alejandro el Grande, su sucesor, Ptolomeo I advirtió sobre los conflictos que surgían entre las comunidades. Buscando resolverlo a través de una "paz religiosa", reunió en una misma mesa a un representante de la religión milenaria egipcia y a los griegos. No consiguió, por más que hizo cuantos esfuerzos le fueron posibles, la presencia de los judíos. Griegos y egipcios fundaron la religión oficial de Serapis, cuya influencia se extiende hasta nosotros con las denominaciones de serapio y serapina.

Agrega el teólogo que debe tenerse en cuenta el hecho de que todos los Evangelios fueron redactados en suelo egipcio. Los papiros del Templo de Serapis, situado en la localidad de Menfis, tienen un marcado paralelismo con los Evangelios. La estructura misma con que se encuentran escritos los Evangelios es la que utilizaban los escribas faraónicos.

Antes de continuar, recordemos que Serapis es parte de la mitología faraónica y se trata de una divinidad egipcia, cuyo culto fue trasladado a Grecia en tiempo de los tolomeos y posteriormente a Roma al mismo tiempo que el de Isis. Serapis poseía todas las atribuciones de Zeus y en sus relaciones con los hombres los libraba de sus dolencias por medio de oráculos; de ahí que muchos suelan confundirlo con Esculapio.

De *The Scriptores Historiae Augustae*, Harvard, Heinemann, (1932) transcribimos este sugestivo relato, muy revelador para nuestros fines:

...yo (Flavius Vopiscus de Siracusa) citaré una de las cartas de Adriano (emperador romano 117-138 (76-138), tomando las palabras de su liberto Phlegon, el cual revela por completo el carácter de los egipcios:

VIII. De Hadriano Augustus para Servianus el cónsul, saludos. La tierra de Egipto, las excelencias de la cual me has relatado, mi querido Serviano, he encontrado que es totalmente fácil de convencer, inestable, y soplada por cada aliento de rumor. Aquellos que adoran a Serapis son, de hecho, cristianos, y aquellos que se llaman a sí mismos obispos de Cristo son, de hecho, devotos de Serapis. No hay ningún jefe en la sinagoga judía, ningún samaritano, ni presbítero cristiano, que no sea astrólogo, ni adivino, ni ungidor. Incluso el patriarca mismo, cuando viene a Egipto, es forzado por algunos para que adore a Serapis, por otros para adorar a Cristo. Son los compañeros de conspiradores, muchos engañadores, la mayoría dados a la injuria; pero su ciudad es próspera, rica, y fructífera, y en ella no hay vagabundos. Algunos son sopladores de cristal, otros hacen papel, todos son por lo menos tejedores de lino o parece que pertenecen a un arte o a otro; los cojos tienen sus ocupaciones, los eunucos las suyas, los ciegos las suyas, y incluso los mancos no son mendigos. Su dios es solo el dinero, y es lo que los cristianos, los judíos, y, de hecho, todas las naciones adoran....

Recuerda Llogari Pujol:

ya hay gente (un exégeta norteamericano) que afirma que una parte de la pasión de Jesús está sacada de Filo de Alejandría. Por otra parte, Barrabás está sacado de Carabás y así siguiendo.

El dios Sobek, que es el dios del lago de Al Faiyûm, es la divinidad que se pasea sobre las aguas, es el que provee de peces en una mañana de pesca infructuosa y así todo el Evangelio de San Juan. Todo lo que hace referencia a Jesús y a los Apóstoles, y este texto es importante porque detrás hay una comunidad y porque las asociaciones religiosas egipcias dieron como resultado las asociaciones religiosas griegas y la Iglesia.

La Iglesia proviene de las asociaciones religiosas egipcias. Pero no solo una asociación religiosa sino toda una comunidad. Jesús no existió y la moral cristiana es egipcia. Todo lo que hace Jesús es egipcio, es del faraón.

El viaje de San Pablo a Roma y el naufragio está copiado del libro El náufrago egipcio un libro muy conocido puesto que Virgilio lo reprodujo en La Eneida.

La primera epístola de San Pedro dice "os escribo desde Babilonia" y al Viejo Cairo se le llamaba Babilonia de Egipto, y no hay evidencias de que Pedro fuera a Roma.

La cuestión retórica del ángel que efectúa la Anunciación a la virgen María –insiste el teólogo– está mal traducida y lo que dice (en griego de Alejandría) es todo lo contrario.

El verdadero texto inicial rezaba de otro modo. María respondía al ángel de esta manera: ¿Cómo será eso si conozco varón? Es que cómo iba a tener un hijo de Dios si no era virgen, reafirma Llogari Pujol.

El Jesús de los sinópticos muestra una personalidad reservada, que se aleja de las gentes prefiriendo la soledad y la meditación propia de iniciados; mientras el relato de Juan lo presenta como extravertido, afecto a los encuentros masivos y los festejos. Dos personas en verdad muy diferentes.

Lo que sigue es la trascripción de la entrevista que Víctor M. Amela, del diario español "La Vanguardia", realizó al muy bien documentado y fundamentado Llogari Pujol en vísperas de la Navidad de 2006.

Pregunta– Navidad: el niño Dios ha nacido.

Respuesta– Pero no hace 2.000 años.

P– Hay un desfase calendárico de tres o cuatro años, ¿no?

R– No, no me refiero a eso: ¡yo le hablo de hace 5.000 años! La idea del niño dios nació 3.000 años antes de Cristo...

P– ¿Cómo? ¿A qué niño dios se refiere?

R– ¡Al faraón! A la figura del faraón del Antiguo Egipto: era considerado "hijo de dios".

P– No veo la relación entre el faraón y Jesús.

R– Es esta: a Jesús se le atribuyeron las enseñanzas y los rasgos característicos del faraón.

P– Bueno, quizá haya coincidencias, pero...

R– ¡Los paralelismos son infinitos!

P– A ver.

R– Ya 3.000 años a.C., el faraón era considerado hijo de dios: como luego Jesús. El faraón era a la vez humano y divino: como luego Jesús. Su concepción le era anunciada a la madre: como luego la de Jesús. El faraón mediaba entre dios y los hombres: como luego Jesús... El faraón resucita: como luego Jesús. El faraón asciende a los cielos: como Jesús...

P– ¿Jesús, un clon del faraón? Qué cosas...

R– ¿Se sabe usted la oración que nos dice que Jesús creó y enseñó: el padrenuestro?

P– Por supuesto: "Padre nuestro, que estás en los cielos, santificado sea tu nombre...".

R– Esa oración se encuentra en un texto egipcio ¡del año 1.000 a.C.!, conocido como "Oración del ciego". Y en ese mismo texto están, también, las que luego serán las Bienaventuranzas de Jesús. Óigame: toda la teología del Antiguo Egipto asomará luego en Jesús.

P– ¿Sí? ¿Seguro que es así?

R– Y no solo eso: también el Antiguo Testamento (600 a.C.) está impregnado del monoteísmo del faraón Akenatón (1360 a.C.).

P Volvamos a Jesús: su concepción divina...

R– La teogamia (matrimonio divino) viene de Egipto: dios engendra en una reina al nuevo faraón. Y hay un texto egipcio (en demótico) del año 550 a.C., "El cuento de Satmi", que relata esto: "La sombra de dios se apareció a Mahitusket y le anunció: Tendrás un hijo y se llamará Si–Osiris". ¿Le suena?

P– El ángel de la Anunciación, María...

R– Muy bien. ¿Le digo qué significa Mahitusket? ¡Llena de gracia! Y Si-Osiris significa "hijo de Osiris": o sea, hijo de dios.

P– Ya... ¿Y quién es Satmi en ese cuento?

R– El esposo de Mahitusket. "Satmi" significa "el que acata a dios": igual hará luego José, llamado "el justo" por el Evangelio...

P– Luego, a Jesús querrá matarlo Herodes...

R– En la mitología egipcia, Seth quiere matar al bebé Horus, y su madre, Isis, huye con él: ¡como la Sagrada Familia huye a Egipto!

P– ¿Y el oro, el incienso y la mirra, qué?

R– Los egipcios los tenían por emanaciones del dios Ra: el oro era su carne; el incienso, su perfume; la mirra, su germinación.

P– ¿Y los pastorcillos, qué?

R– ¡La imagen del buen pastor está pintada cientos de veces en templos egipcios!

P– ¿Y la circuncisión de Jesús, qué?

R– Era ritual entre los sacerdotes egipcios. Y en el cuento de Satmi, Si–Osiris, a los 12 años, discute de tú a tú con los sabios del templo. ¡Como de Jesús nos cuenta el Evangelio!

P– ¿Y del bautismo de Jesús, qué me dice?

R– Contemple esta imagen de un sacerdote: está bautizando al faraón con agua del Nilo...

P– ¡Oiga, todo me lo hace cuadrar, usted!

R– Todo está en antiguos textos, pinturas y bajorrelieves egipcios. Mire este, del año 300 a.C., el rey Ptolomeo está postrado ante Isis, e Isis le dice: "Te daré todos los reinos de la Tierra". ¡En el Evangelio, Satanás tentará a Jesús copiando esto palabra por palabra!

R– ¿Ve esta pintura de un banquete? Está en la tumba egipcia de Paheri (1500 a.C.) escenifica la conversión de agua en vino por el faraón. ¡El mismo milagro que hará Jesús en las bodas de Caná! Y cuente las jarras...

P– Una, dos, tres... seis jarras. ¿Qué pasa?

R– En el milagro de Jesús, las jarras son seis. Los teólogos aún se preguntan ¿por qué seis? Pues porque se copió del relato egipcio.

P– ¿También el faraón hacía el milagro de multiplicar panes y peces?

R– No, ese lo hizo el dios Sobk, como cuentan los "Textos de las pirámides" ¡del año 3.000 a.J! Sobk es el dios–cocodrilo, y da pescado y pan blanco a la gente de la orilla del lago Faiun... ¡Y camina sobre sus aguas!

P– Ya capto, ya...

Horus ayudado por los Shemsu Hor, luchó contra Seth
para recuperar el trono de su padre Osiris.

R– Y una curiosidad: en pinturas góticas sobre escenas de pesca milagrosa de los apóstoles he descubierto que los peces son "tilapias nilóticas", ¡especie que solo está en el Nilo!

P– ¿Algún otro paralelismo?

R– El relato de Sinuhé (2.000 a.C.) es un príncipe que teme reinar, y se va de la corte al desierto, entre beduinos y calamidades.

P– ¡Pero Jesús entra triunfal en Jerusalén!

R– Sí: ya como "rey"... y sobre un asno. O sea, vencedor sobre el mal: el asno en Egipto era Seth, el dios que mató a Osiris y al que el hijo de este, Horus, somete... y monta.

P– ¿Y qué hay de la Última Cena?

R– Osiris, dios del trigo, al morir cada año permitía a los egipcios alimentarse con su cuerpo (el pan). Y en los "Textos de las pirámides" se le llama también "Señor del vino". ¡Y Osiris da a beber su sangre en una copa a Isis, para que ella le recuerde tras su muerte!

P– La resurrección y ascensión de Jesús, ¿son también calco de la teología faraónica?

R– Eso mantengo: existía un ritual de "resurrección" del faraón muerto –intervenían mujeres– tras el que "ascendía a los cielos".

P– ¿Jesús reprodujo a conciencia esos patrones, o los aportaron luego los evangelistas?

R– Mi tesis es otra: los Evangelios fueron compuestos por eruditos sacerdotes judeo-egipcios del templo de Serapis en Sakkara (Egipto): tradujeron palabra por palabra textos egipcios.

Capítulo VII
El enigma de los Manuscritos del Mar Muerto y de los códices de Nag Hammadi

Una serie de coincidencias muy llamativas y extraordinarias tuvieron lugar durante la década del cuarenta del pasado siglo XX, en el Cercano y Medio Oriente. Se trata del casi simultáneo y aparentemente "casual" hallazgo de documentos llamados a conmover la base misma del cristianismo. Escritos que muestran no solo facetas desconocidas de Jesús ignoradas por los cuatro evangelistas –o bien prolijamente excluidas por los revisores y copistas en el transcurso de las centurias– sino sobre la manera de vivir, pensar y sentir de aquellos sabios iniciados.

Y utilizamos el término "casual" y la expresión "coincidencias muy llamativas" porque todavía hoy, transcurridas siete décadas de aquellos hechos, aparecen inconsistentes las explicaciones ofrecidas de cómo sucedieron tales hallazgos.

Unos niños que juegan en las cuevas, un pastorcito de cabras al que se le perdió una, y buscando a la extraviada arroja unos guijarros al interior de una oquedad y, ¡oh sorpresa!, suena a hueco sobre lo que golpean aquellas piedrecitas ¡apareciendo enormes tinajas que eran verdaderas bibliotecas ocultas!

–¿Ah, sí? –recuerdo que expresé mientras caminaba por el interior de esa cueva situada frente al Mar Muerto, tan próxima al Quirber Qumram.

Quien quiera que haya transitado por aquel pedregoso suelo comprende de inmediato que es imposible, absolutamente impensable, que ese sitio haya pasado desapercibido por alrededor de dos milenios a los ojos de la gente del lugar. Tan a la vista. Tan expuesta en lo alto aquella cueva. Y nunca, ninguno, se hubo interesado en visitarla, guarecerse… o buscar una cabra extraviada. No. Nunca antes sucedió. ¡Esa vez sí! Y empezaron a conocerse los llamados Manuscritos del Mar Muerto. Era 1947.

El otro hecho coincidente, "casual", llamativo y revelador, había acontecido dos años antes. Más precisamente en diciembre del año 1945. En esa ocasión dos campesinos egipcios –tan desconocedores de todo como aquellos pastorcitos– encuentran almacenadas y prolijamente guardadas bajo unos aleros de montaña, no unas pocas páginas sino ¡más de 1.100 páginas de antiguos manuscritos en papiro! Llevaban enterrados unos veinte siglos. "Alguien" los había depositado con cuidado, para preservarlos, junto al acantilado oriental en el alto valle del río Nilo. Se trataba de los llamados "textos de Nag Hammadi".

Los textos eran traducciones del griego (en su versión original) al copto, el cual era la etapa helenística de la antigua lengua faraónica. Este dialecto evolucionó después de la invasión de Alejandro Magno en el 332 a.C., y subsiguientemente fue reemplazado en árabe como la lengua vernácula egipcia después de la conquista musulmana en el 640 d.C. Así, el copto se transformó en el lenguaje de la iglesia egipcia primitiva y permanece como su lengua litúrgica hasta hoy día.

¿Puede ser todo esto simple coincidencia? Hay eruditos con los que conversé que afirman que así es. Simples coincidencias. Otros estudiosos, entre quienes me encuentro, estamos convencidos de que estos hallazgos, presentados como hechos ocurridos por mera fortuna, fueron provocados por las jerarquías de ciertas órdenes esotéricas e iniciáticas con la finalidad de preparar el terreno –sin prisa, sin pausa, con aplomo y perseverancia– para un conocimiento más amplio y generalizado de lo que aquellos iniciados, entre quienes se encontraba el Maestro Jesús, legaron a la humanidad.

Nag Hammadi, en árabe, puede leerse como "pueblo de alabanza", es aún hoy en día un pueblo surgido a la vera del Nilo, a 480 km al sur de El Cairo.

Llamado Chenoboskion en la antigüedad fue donde en 320 (d. C.) San Pacomio fundó el primer monasterio cristiano.

En la actualidad se la aprecia como ciudad industrial edificada sobre la principal línea férrea egipcia norte-sur. Tiene amplio comercio de productos de los oasis del oeste y cuenta con industrias textiles, azucareras y de aluminio. A fines del siglo XX la población era de 19.800 habitantes.

Pero, como sabemos, el pueblo es famoso porque en 1945 apareció una amplia colección de códices antiguos. En el 367 d.C., los monjes locales copiaron unos 45 escritos religiosos diversos (incluso los Evangelios de Tomás, Felipe y Valentín) en una docena de códices encuadernados en cuero. Esta biblioteca fue cuidadosamente sellada en una urna y escondida cerca, entre las rocas, donde permaneció sin descubrirse durante casi 1.600 años.

Los Manuscritos de Nag Hammadi están conformados por una colección de textos gnósticos, originarios de los primeros cristianos, y se trata de trece códices de papiro forrados en cuero y enterrados en vasijas selladas encontrados por campesinos locales.

Comprenden cincuenta y dos tratados gnósticos, pero también tres obras pertenecientes al *Corpus Hermeticum* y una traducción parcial de la *La República* de Platón.

Por lo general está aceptado que los códices conforman una biblioteca que fue ocultada por los monjes del cercano monasterio de San Pacomio cuando la posesión de tales escritos fue declarada herejía.

Pero, ¿qué es el gnosticismo? Pues bien, se trata de un grupo de escuelas de pensamiento filosófico-religioso que, en los siglos I, II y III d.C se amalgamaron o fusionaron con el cristianismo, y de cuya mixtura surgió un pensamiento herético que se popularizó entre la intelectualidad de la época.

Este complejo sistema sincrético que provenía de Grecia y Egipto, entre otros lugares, adquirió las formas de gnosticismo cristiano y gnosticismo pagano. Así, fue posible construir evangelios gnósticos, los que más tarde serían declarados por la Iglesia "apócrifos".

Los códices están escritos en copto, aunque las obras eran probablemente traducciones del griego. El copto es un idioma que surge alrededor del siglo III, en el Antiguo Egipto, de escritura con signos jeroglíficos, o en los alfabetos hierático y demótico. El alfabeto copto es una versión ligeramente modificada del alfabeto griego, con algunas letras propias demóticas utilizadas para representar varios sonidos no existentes en el alfabeto griego. Como lengua cotidiana tuvo su apogeo desde el siglo III hasta el siglo VI. En la actualidad perdura solo como lengua litúrgica de la Iglesia Ortodoxa Copta.

Platón fue alumno de Sócrates y maestro de Aristóteles.
Su influencia como autor y sistematizador ha sido incalculable
en toda la historia de la filosofía.

El sitio de este descubrimiento se sitúa al otro lado del río del pueblo moderno de Nag Hamadi, que, según dijimos, ya era famoso en la antigüedad, con el nombre de Chnoboskeion ("pastizal de gansos"), y se situaba a unos diez kilómetros de la moderna ciudad de Nag Hammadi, donde en el 320 d.C. San Pacomio fundó el primer monasterio cristiano.

Poco menos de medio siglo después, en el 367 d.C., los monjes locales copiaron alrededor de medio centenar de escritos religiosos diversos, incluidos los Evangelios de Tomás, Felipe y Valentín, en una docena de códices encuadernados en cuero.

Esta biblioteca fue cuidadosamente sellada en una urna y escondida cerca, entre las rocas, donde permaneció sin descubrirse durante casi 1.600 años. Dichos papiros, descubiertos inicialmente por eruditos, en marzo de 1946 (Jacques Schwarz & Charles Kuentz, Códice 2, en una tienda de antigüedades en Cairo), desde 1952 han sido conservados en el Museo Copto del Cairo Antiguo, el cual publicó la más temprana edición fotográfica de ellos, editada por el Dr. Pahor Labib, 1956. La primera traducción moderna del texto de Tomás, apareció en la revista francesa "Le Muséon", en 1957.

Probablemente, la obra más famosa entre estos manuscritos es el Evangelio de Tomás, del cual, los códices de Nag Hammadi contienen la única copia completa. Después del descubrimiento se reconoció que fragmentos de estos dichos de Jesus aparecían en manuscritos descubiertos en Oxyrhynchus en 1898, y que había citas que se hallaban en fuentes cristianas primitivas.

Se ha propuesto una fecha de composición de los originales griegos perdidos: entre el siglo I y el siglo II; aunque es un tema abierto de discusión. Los manuscritos datan del siglo III y el siglo IV.

Los códices de Nag Hammadi se encuentran en la actualidad en el Museo Copto de El Cairo, Egipto y uno de ellos –cuya restauración fue financiada por Carl G. Jung y está bautizado con su apellido– en el Instituto Jung de Zurich.

En cuanto a los llamados comúnmente Manuscritos del Mar Muerto, los primeros siete rollos fueron encontrados en 1947 por Jum'a y su primo Mohammed ed-Dhib, dos pastores beduinos de la tribu Ta'amireh en una cueva de Qumrán. De esta manera aparecieron en diversas cuevas, once en total, unas jarras de barro que contenían un buen número de documentos escritos en hebreo, arameo y griego. Se sabe que fueron escritos entre el siglo II a.C. y el año 70 d.C., en que tuvo lugar la destrucción de Jerusalén. En el momento de los hallazgos era una localidad que formaba parte del Protectorado Británico de Palestina, pero que después de la guerra de 1948 pasó al reino de Jordania y, luego, a Israel.

Se cuenta –aunque es probable que nunca tengamos certeza si es cierto o forma parte de la "gran leyenda"– que uno de los beduinos puso algunos de los rollos en una hoguera para calentarse, entendiendo que el hallazgo carecía de importancia. Con el tiempo, algunos de los manuscritos comenzaron a aparecer a la venta, más o menos pública, en comercios de Jerusalén y los rollos fueron vendidos en el mercado local, extraviándose un tiempo algunos en Egipto y otros en los Estados Unidos.

Posteriormente se publicaron copias de los rollos, causando un masivo interés en arqueólogos bíblicos, cuyo fruto sería el hallazgo de otros seiscientos pergaminos, y cientos de fragmentos.

Lo más importante de este hallazgo es su antigüedad, que permite estudiar importantes fuentes teológicas y organizativas del cristianismo. La mayoría de los manuscritos datan de entre los años 200 a.C. y 66 d.C.; estando entre ellos los textos más antiguos de que se dispone en lengua hebrea del Antiguo Testamento bíblico.

Hasta hace relativamente poco tiempo era idea generalizada que la orden esenia había dispuesto su ocultamiento debido a las revueltas judías contra los romanos en esos años. Empero, más recientes estudios llevaron a investigadores a afirmar que en los Manuscritos del Mar Muerto no hay rastro esenio alguno y que su origen es bien diferente. Estos expertos hicieron hincapié en el hecho de que siempre se asociaron los hallazgos al hecho de la proximidad geográfica del lugar donde los esenios habitaron. Pero no por ello hay pruebas concluyentes de que ambos hechos estuvieran relacionados.

Desde un primer momento, como destaca Jesús Aller en su artículo de la revista *Rebelión*,

> *los manuscritos quedaron bajo la custodia del denominado "Equipo Internacional" dirigido por el sacerdote domínico francés Roland de Vaux. A partir de 1957 el equipo comenzó a efectuar publicaciones con las conclusiones iniciales.*
>
> *Respecto de los propios manuscritos, el primer volumen de estos fue editado con bastante rapidez, en 1955, pero después el ritmo disminuyó mucho más que lo razonable, generando protestas en los investigadores ajenos al equipo a quienes no se permitía el acceso a los originales. Estos sucesos dieron lugar a airadas polémicas en los medios de comunicación más influyentes, que se prolongaron hasta finales de los años 80.*

Siempre llamó la atención la manera en que era tratada la traducción de estos textos. De manera tan reservada y oculta. Mayor tensión hubo cuando se difundió que un pequeño fragmento había sido traducido y se refería a "un Mesías taladrado"; esto es, una persona que moría siendo atravesada por una estaca en el corazón. Alguien que, al parecer, a la vez se encontraba crucificado. Un Mesías taladrado; esto es, atravesado, supone demasiada coincidencia con la escena de Longinos introduciendo la punta de su lanza sobre el Maestro durante el martirio. Y, a todas luces, trae a la memoria los dichos de Juan: *Mirarán al que traspasaron* (Jn 19, 37; cf. Za 12, 10). Demasiado para ser meras coincidencias y no unos relatos copias de otros.

Todo esto condujo a que, iniciada la década del noventa –y en medio no solo de rumores sino de fuertes discusiones académicas–, alcanzaran difusión dos afirmaciones que circularon insistentemente, tanto en los ambientes científicos cuanto en los religiosos y las órdenes esotéricas.

Una sostenía que los manuscritos contenían doctrinas que contradecían o al judaísmo o al cristianismo y que, en consecuencia, el Gran Rabinato y el Vaticano se habían puesto de acuerdo para impedir su publicación.

La segunda fue presentada por una profesora de Sydney, Barbara Thiering y otro docente de la State University de California, Robert Eisenman, quienes publicaron varios libros en los que comparando los documentos del Qumram con los Evangelios llegaron a la conclusión de que ambos se encuentran escritos siguiendo una clave. De manera que los textos no dicen lo que en superficie se lee sino que hay que contar con un código para descubrir su significado secreto. Ambas postulaciones provocaron comprensible revuelo.

Aún hoy las controversias no se han terminado definitivamente.

Existen quienes afirman que algunos textos fueron ocultados por las jerarquías religiosas con la complicidad de investigadores que, a cambio, obtuvieron beneficios materiales y académicos. Otros siguen trabajando en la búsqueda de claves para descifrar lo que en lenguaje esotérico/iniciático pudiera hallarse oculto.

Ayudó mucho a tranquilizar las aguas el hecho de que durante 1991 la "Huntington Library" (California, E.E.U.U.) pusiera a disposición pública una copia de todos los manuscritos inéditos. Aún de este modo, en algunos ambientes continuaron preguntándose: Pero, ¿realmente son todos los textos hallados? Cómo tener certeza…

Desde sus primeras publicaciones, el equipo internacional que había acaparado el acceso a los documentos puso énfasis en situar la época a que estos hacen referencia como anterior a nuestra era, y en desligar los acontecimientos que se describen en ellos de las primeras comunidades cristianas. Los autores de los textos son identificados como esenios, practicantes de un tipo de judaísmo rigorista opuesto a los fariseos.

Sin embargo, desde los primeros momentos, también otros historiadores, como Cecil Roth o Godfrey Driver, comenzaron a plantear la posibilidad de que los manuscritos reflejaran acontecimientos de la era cristiana.

Regresando a Aller,

En esta línea de trabajo, que discrepa con las tesis oficiales, se encuentran los estudios de Robert Eisenman (profesor de la California State University en Long Beach y autor del libro The Dead Sea Scrolls Uncovered junto a Michael Wise, 1992), que presenta una traducción de los textos más importantes, James the Brother of Jesús (1997) o The New Testament Code (2006). Este estudioso tuvo también una influencia decisiva en la larga lucha que logró que los manuscritos estuvieran a disposición de todos los investigadores.

En sus libros, Eisenman presenta una hipótesis que arroja luz sobre los comienzos del cristianismo a través de una correlación entre los hechos descritos en los documentos de Qumrán y los Evangelios.

Los textos de Qumrán, según él, se relacionan con un importante movimiento nacionalista mesiánico existente en la Palestina del siglo I, que luchaba contra la dinastía herodiana, el clero colaboracionista y los romanos invasores. Los partidarios de este movimiento habrían recibido nombres diversos como esenios, zelotes, nazorenos (de Nozrei ha-Brit: Guardianes de la Alianza; que no sería otra cosa que la Orden de los Guardianes de la Alianza, un grupo esotérico e iniciático) u otros, y su celo variaría desde el pacifismo hasta una actitud extremadamente violenta.

Eisenman postula que la Iglesia primitiva formaba parte en realidad de este movimiento y, aunque no son citados por sus nombres, identifica a diversos personajes evangélicos en los documentos de Qumrán. Así Santiago, el hermano de Jesús, sería el denominado "Maestro de Justicia", uno de los jefes de la comunidad. El asesinato de este personaje provoca un levantamiento generalizado en Judea que será aplastado y terminará con la caída de Masada en el año 74.

Sin embargo, los hechos anteriores nunca hubieran determinado la aparición de una nueva religión, pues dicho movimiento defendió siempre la más estricta ortodoxia judía.

El cambio en las creencias se relaciona, para Eisenman, con la aparición en los manuscritos de un personaje denominado "el Mentiroso", que él no duda en identificar con Pablo del Nuevo Testamento. Este personaje, aunque integrado en el movimiento, defiende una observancia laxa de la ley y una política de apaciguamiento respecto a los romanos, lo que le lleva a un enfrentamiento con el "Maestro de Justicia". Tras su huida, y con el vacío de poder creado por la caída de Jerusalén, sería él quien desarrollaría sus propias ideas en una doctrina que, al incorporar elementos de otras religiones, terminaría alejándose completamente de su supuesto fundador.

EL SAGRADO CORAZÓN DE JESÚS

El origen de la palabra "Corazón" viene del sánscrito *kurd* que significa "saltar". Como veremos más tarde, la devoción al Corazón de Jesús tampoco es de origen cristiano. Sus primeras manifestaciones se pierden en la noche de los tiempos. Baste recordar el mamut de la cueva de El Pindal, (Asturias, España), pintura rupestre cuya edad se remonta a 22.000 años y corresponde al final del periodo paleolítico.

El inmenso corazón rojo que el mamut lleva pintado encima de las patas delanteras –expresa Belisario Betancurt en su discurso "El corazón y la cultura, y la cultura del corazón"– *no indica si el hombre paleolítico lo pintó por el corazón mismo o para señalar el lugar ideal para dirigir las flechas y lanzones a fin de abatirlo, en el pensamiento de que en el corazón estaba la fuente de la vida.*

La devoción al Sagrado Corazón de Jesús, si bien se intensificó y popularizó en los últimos cuatro siglos, existe desde los primeros tiempos de la Iglesia, cuando se meditaba sobre el simbolismo del costado del Maestro de donde salieron sangre y agua.

Uno de los soldados le atravesó el costado con una lanza y al instante salió sangre y agua. (Juan 19,34)

Que brote agua y donde ocurra esto se transforme en lugar sagrado es algo habitual en mitos y leyendas. El agua es el "disolvente universal" de los alquimistas. Atravesar las aguas, sumergirse o bañarse en ellas, forma parte de uno de los más clásicos rituales iniciáticos. Claramente lo señala San Ambrosio (+397) de quien leemos: *El Agua nos limpia, la Sangre nos redime.*

Lo mismo hallamos en San Juan Crisóstomo (+407). Ambos, al manifestarse de esta forma, lo están haciendo de acuerdo a las más antiguas y tradicionales formas del esoterismo.

Por eso no ha de llamarnos la atención lo dicho por el papa Paulo VI (cf. *Sacrosanctum Concilium*, 5) que encuentra el nacimiento simbólico de la Iglesia en el costado traspasado de Cristo.

En efecto –escribió Pablo VI–, *la Iglesia nació del Corazón abierto del Redentor y de ese Corazón se alimenta, ya que Cristo "se entregó a sí mismo por ella, para santificarla, purificándola mediante el baño del agua, en virtud de la palabra" (Ef 5, 25-26) (Carta "Diserti interpretes", a los superiores mayores de los institutos dedicados al Corazón de Jesús, 25 de mayo de 1965). De igual modo, por medio del Espíritu Santo, el amor del Corazón de Jesús se derrama en los corazones de los hombres (cf. Rm 5, 5) y los impulsa a la adoración de su "inescrutable riqueza" (Ef 3, 8) y a la súplica filial y confiada al Padre (cf. Rm 8, 15-16), a través del Resucitado, "siempre vivo para interceder en su favor" (Hb 7, 25).*

Las tradiciones egipcias hicieron del corazón la sede del alma. Entendiendo por esto casi un calco de lo que, luego, la ciencia ubicó en el cerebro. Para los antiguos, la acción de pesar, la responsabilidad de los actos, residía en el corazón.

En los pueblos prehelénicos ya existen alusiones que hacen a la estructura del corazón. En el Código de Hamurabi, cuyo texto, escrito en piedra, se encuentra en el Museo del Louvre en París, tenemos referencias cardíacas.

En el Templo de Denderah (Egipto) –que si bien su edificación como llegó a nuestros días corresponde a su sexta restauración ordenada por Ptolomeo II Evergetes, quien exigió que escrupulosamente fueran respetados los planos– puede leerse en una parte de sus muros:

En el principio, estas palabras enseñaron los Ancestros, aquellos Bienaventurados de la Tierra primera: Ahâ-Men-Ptah. Los que convivían con las Creaciones del Corazón-Amado: el Corazón-Primogénito.

Y en otro sector la traducción jeroglífica manifiesta:

*Yo soy el Muy-Alto, el Primero, el Creador del Cielo y de la
Tierra, yo soy el diseñador de las envolturas carnales y el provee-
dor de las Parcelas divinas. Yo he colocado el sol sobre un nuevo
horizonte como gesto de benevolencia y testimonio de Alianza. He
hecho elevarse al Astro del Día sobre el horizonte de mi Corazón,
pero para que así sea he instituido la Ley de la Creación que
actúa sobre la Parcelas de mi corazón para animarlas en los
(corazones) de mis Criaturas.*

Se trata de textos correspondientes a los secretos de la tradición hermética que fueron transmitidos solo de los máximos
iniciados a sus sucesores, custodios de la Casa de la Vida, que se
encontraba contigua al "Templo de la Dama del Cielo" que igualmente corresponde a las construcciones halladas por los egiptólogos en la misma Denderah.

Recordemos, llegado a este punto, que para la Iglesia es en el
Corazón de Cristo donde continúa la acción del Espíritu Santo, a
la que Jesús atribuyó la inspiración de su misión (cf. Lc 4, 18; Is
61, 1). Y, también que, siguiendo el "Directorio sobre piedad
popular y liturgia, publicado por la Congregación para el Culto
Divino y la Disciplina de los Sacramentos (# 166)".

*...la expresión Corazón de Cristo se refiere al misterio mismo
de Cristo, a la totalidad de su ser, a su persona considerada en su
núcleo íntimo y esencial.*

Todo lo cual enseguida nos genera reminiscencias a aquellas
sagradas frases enunciadas por los sacerdotes de Denderah.

Código de Hammurabi copiado sobre un bloque de basalto negro,
ornamentado con la figura del dios sol Asmas en el momento
de dictar sus leyes a Hammurabi. (Siglo XVIII a.C. Museo Louvre.)

Y quien, en este sentido, parece venir ahora a nuestra ayuda para confirmación de lo dicho es, nada menos que San Agustín (+430) a quien las imágenes con frecuencia lo muestran con el corazón ardiendo de amor por Dios. De este padre de la Iglesia extraemos una frase rica en matices simbólicos e iniciáticos cuando manifiesta que Juan bebió de los:

Secretos sublimes de las profundidades más íntimas del Corazón de Nuestro Señor.

¡Allí está, sin más complicaciones, una precisa definición del Santo Grial! De la Sangre Real. *Secretos sublimes*, o lo que es lo mismo: los Augustos Misterios, los Antiguos Misterios a los que hacen referencia las órdenes iniciáticas aún en este siglo XXI, *de las profundidades*, lo que implica el "descenso a los infiernos" que tan bien entendió Dante al redactar en clave iniciática *La divina Comedia* y aclaró René Guénon en su breve y tan profundo como esencial libro: *El esoterismo de Dante*.

No hay transmutación posible sin descender y, una vez allí, rectificar el rumbo equivocado para salir a la Verdadera Luz como un Hombre Nuevo. *Visita Interiora Terras Rectificatur Invenies Ocultum Lapidum* (Visita el interior de nuestra tierra, que rectificando encontrarás la piedra oculta).

Los evangelistas consideran al Corazón de Cristo como símbolo de su amor:

Hemos de beber el agua que brotaría de su Corazón (...) cuando salió sangre y agua (Jn 7,37; 19,35). ¡y a ti misma una espada te atravesará el alma! – a fin de que queden al descubierto las intenciones de muchos corazones. (Lucas 2,35)

Mateo escribe:

Amarás al Señor, tu Dios, con todo tu corazón, con toda tu alma y con toda tu mente. (Mateo 22, 37)

Es evidente que brinda una llamativa enseñanza sobre cierta trinidad –alma, mente, corazón– que parece ser una lección de la naturaleza real humana. Hablar de *mente* hace dos mil años y poner tales palabras en los oídos de quienes quisieran escucharlas llama, como mínimo la atención, pues demuestra claros conocimientos sobre la manera en que funciona la conducta del hombre. ¡Conocimientos que siglos después serían negados! ¿De dónde procedieron estos saberes?

Es simple. Tengamos en cuenta que ya Hipócrates de Kos (siglo V a.C./siglo IV a.C.), considerado el padre de la medicina moderna –y seguimos razonando con Betancurt– describía el corazón como una pirámide color púrpura y comparaba el movimiento de la sangre con un vaivén parecido al flujo y reflujo del mar; hablaba sobre la responsabilidad de los ventrículos y situaba en el ventrículo izquierdo la dirección del alma.

Platón, treinta años más joven que Hipócrates, sostenía –al igual que los asirios de Mesopotamia en el siglo III antes de Cristo– que el mundo emocional y sensorial se localiza en el hígado. Para Aristóteles era el corazón donde residía el alma como totalidad.

Plinio el Viejo o Plinio Segundo, nacido Gayo Plinio Segundo, fue un célebre escritor, científico, naturalista y militar latino. Nació en Como, 23. Murió en Estabia, 24 de agosto de 79. Tras estudiar en Roma, a los veintitrés años inició su carrera militar en Germania, la que habría de durar doce años. Llegó a ser comandante de caballería antes de regresar a Roma, en el año 57, para dedicarse al estudio y el cultivo de las letras. Recibió marcadas influencias de la escuela iniciática pitagórica que vivía un renacimiento en esos momentos. A partir del año 69 desempeñó varios cargos oficiales al servicio del emperador Vespasiano. Agudo observador, fue autor de algunos tratados de caballería, una historia de Roma y varias crónicas históricas, hoy perdidas. Perteneció al orden ecuestre. Desarrolló su carrera militar en Germania y en Hispania alrededor de 73, donde estuvo como procurador. Dedicó mucho de su tiempo a temas como la gramática y la retórica.

Studiosus, es un trabajo detallado sobre la retórica que fue seguido por los ocho libros de *De Dubii sermones* (67). Casi llegó a terminar su gran obra *Naturalis historia*, una enciclopedia en la que Plinio reúne una gran parte del saber de su época. Este trabajo había sido planificado bajo la dirección de Nerón. Las informaciones que recoge llegan a ocupar no menos de 160 volúmenes, cuando Larcio Licino, el legado pretor de la Hispania Tarraconense, intenta en vano comprarlos por el equivalente a más de 200.000 £ (valor estimado en 2002). Dedicó esta obra a Tito Flavio en el año 77.

Plinio fue quien, a juicio de muchos, mejor resumió todo lo que la antigüedad, de Oriente a Occidente, entendía sobre el corazón al escribir que este órgano:

...ofrece en su interior el primer domicilio del alma, allí donde reside la inteligencia.

El término "corazón" es eje esencial de todo el vocabulario espiritual universal desde los tiempos humanos más remotos. Aparece, con distintas manifestaciones, en todas las civilizaciones, épocas, cultos y religiones. También la idea de que consumiendo la sangre (o comiendo el corazón como fue usual en algunas culturas precolombinas), el corazón de un poderoso, las esencias mismas de aquel pasan a presentarse en quien las digiere.

No es muy difícil comprender, entonces, que cuando el cristianismo tergiversa las palabras del Maestro en la Última Cena, presentándolas como un singular acto sublimado de antropofagia (se está comiendo en el pan "el cuerpo de Cristo" y al tomar el vino "la sangre de Cristo"), en verdad no hace otra cosa que tomar rituales anteriores; muy anteriores, que ya estaban incorporados al acervo popular.

Hay un dato sí, clave, por el que decimos que se trata de "un singular acto sublimado de antropofagia" y es el siguiente: en el cristianismo católico –puesto que los evangelistas no hacen "sacrificios de la misa"– para superar esta idea (repugnante, hoy, pero aceptada en tiempos pretéritos) de que devorando a alguien poderoso se incorpora el poder de él, señala que no se trata del cuerpo de un ser humano llamado Jesús, sino de esa entidad incorpórea, de supuesta morfología humana, a quien se denomina Cristo.

Tal división persigue eliminar el concepto de comerse a un semejante, pero pervive allí la creencia que da origen a todo esto: incorporar los dones del otro ingiriendo parte de él.

Todo cuanto hemos señalado en los párrafos precedentes difícilmente se entiende si no hacemos un poco de historia en relación a las celebraciones pascuenses, tanto la hebrea como la cristiana. Tema al que, de todos modos, nos referimos en otro capítulo de este libro. Pero lo que ahora nos interesa aquí es recordar que el pueblo hebreo había adoptado los rituales de Pascua de los pueblos nómadas. Los cuales resultan un homenaje –y por ello una descarga psíquica a la incertidumbre del porvenir– a la renovación cíclica de la tierra en particular y del universo en general.

La partida de los rebaños hacia los pastos de verano el día siguiente al plenilunio del primer mes lunar después del equinoccio de primavera obedecía a que los primogénitos del rebaño eran inmolados esa misma noche y su sangre esparcida sobre las cabañas, como acto de purificación y salvaguarda contra los peligros que amenazaban a la comunidad. Cumplido esto, en comida ritual, se ingería la carne de los corderos y se danzaba saltando ritualmente como figuración del "pasar más allá". Esta es una festividad de tránsito que alude a la renovación cíclica del cosmos.

Los rituales de Pesah, la Pascua hebrea, están indicados en el Antiguo Testamento:

Dijo YHVH a Moisés y Aarón en el país de Egipto: Este mes será para vosotros el comienzo de los meses (...) el día diez de este mes tomará cada uno para sí una res de ganado menor (...) el animal será sin defecto, macho, de un año (...) lo guardaréis hasta el día catorce de este mes y toda la asamblea de la comunidad de los israelitas lo inmolará entre dos luces. Luego tomarán la sangre y untarán las dos jambas y el dintel de la casa donde lo coman.

En aquella misma noche tomarán la carne. La comerán asada, al fuego, con azimos y con hierbas amargas (...) no dejaréis nada para mañana, lo que sobre al amanecer lo quemaréis (...) así lo habréis de comer: ceñidas vuestras cinturas, calzados vuestros pies y el bastón en vuestras manos; y lo comeréis de prisa.

Es pascua de YHVH. Yo pasaré esta noche por la tierra de Egipto y heriré a todos los primogénitos del país de Egipto (...) la sangre será vuestra señal en las casas donde moráis, cuando yo vea la sangre pasaré de largo entre vosotros, y no habrá entre vosotros plaga exterminadora (...) este será un día memorable para vosotros, y lo celebraréis como fiesta en honor de YHVH de generación en generación. Decretaréis que sea fiesta para siempre.

El Pesah es la base de las Pascuas Cristianas. Aquí Cristo –esto es: cordero de Dios– resulta inmolado en la Cruz con lo que se logra, de acuerdo con las creencias cristianas, la salvación del mundo al provocarse su renovación cíclica.

Pero si analizamos con detenimiento se notará que lo relatado por los evangelistas copia el modelo de lo preceptuado por YHBH para los hebreos. Veamos.

Al igual que el cordero inmolado en sacrificio, de los que ningún hueso debía quebrarse, Cristo solo fue objeto de una herida en la carne. A los otros dos crucificados junto a Él los soldados les quiebran las piernas. A Jesús lo descuelgan simplemente. Lo dan por muerto.

Pero a diferencia del cordero hebreo que en efecto es muerto y comido y cuyos restos no pueden guardarse para la jornada siguiente (tampoco puede quedar resto alguno de hostia consagrada para la misa siguiente; el sacerdote oficiante se ocupa de que todo resto, por mínimo que sea, se recoja en la copa de vino [la sangre] y es consumido por el clérigo); el cordero de Dios simbolizado por Cristo, resucita de la muerte provocando con eso la salvación del mundo.

La acción del cordero es pues la que corresponde en la psicología junguiana al arquetipo del Héroe Solar, pues es luminosa y en virtud de ello René Guénon lo asimila a la divinidad védica del fuego Agni.

Capítulo VIII
Cómo fue torturado realmente Jesús

A través de la historia se ha escrito mucho acerca de la crucifixión y muerte de Jesús, e incluso se ha hecho de este tema el eje central de algunas películas, como en el caso de *La Pasión de Cristo* del actor y director de cine Mel Gibson, que tanta resonancia y controversia causó en su momento.

Pero en ninguna de estas expresiones artísticas y literarias encontramos la verdadera naturaleza de lo acontecido durante su padecimiento, es decir, la descripción científica de las heridas físicas y psicológicas que realmente sufrió Jesús durante su calvario. Ni siquiera al leer los Evangelios de Mateo, Marcos, Lucas y Juan (que narran lo sucedido durante su arresto, interrogación y crucifixión), logramos hallar una clara descripción de lo acontecido con él durante estos procesos y, menos aún, desde el punto de vista en el que nos interesa profundizar.

En esa época se suponía, simplemente, que los lectores conocían perfectamente cómo llegaba a la muerte el crucificado, y no creían necesario dar detalles al respecto. Debemos tener en cuenta que Jesús no solo sufrió heridas en su cuerpo que, evidentemente, tienen su correlato en lo psicológico, sino que además llevaba la carga, si seguimos el planteamiento de la religión cristiana, de la función de redimir a toda la humanidad de sus pecados. Sea esto cierto o no, lo interesante es ver que se le atribuía una responsabilidad enorme que debe haber aumentado, sin lugar a dudas, su dolor psíquico.

Si seguimos la serie de acontecimientos que llevaron a Jesús a padecer heridas de variada consideración y que culminaron con su crucifixión, debemos remitirnos al momento en que se encuentra "orando" en el huerto de Getsemaní, enterado ya de su inminente captura por parte de sus enemigos, devenida de la supuesta traición de Judas; momento en el que comienza todo este proceso.

Lucas (22:43-44), es el único que describe la primera manifestación de dolor de Jesús en Getsemaní, y lo hace de esta manera:

...y se le apareció un ángel del cielo para fortalecerle. Y estando en agonía, oraba más intensamente; y era su sudor como grandes gotas de sangre que caían hasta la tierra...

No podemos dejar de destacar que Lucas era médico, lo cual implica que sabía que este sudor de sangre (hoy conocido como hematohidrosis, hemohidrosis o hematidrosis) constituía un hecho sumamente relevante y que debía ser considerado. Y es por esto

La inspiración de Mateo, por Michelangelo Merisi da Caravaggio. Mateo el apóstol fue uno de los doce escogidos por Jesús. El cristianismo le atribuyó la autoría del evangelio de Mateo, pero en la actualidad se descarta esto.

que solo él lo menciona. La hematohidrosis consiste en una extremada dilatación y contracción de los vasos sanguíneos subcutáneos que llevan a su ruptura y a la consiguiente hemorragia. Como estos capilares se encuentran en la base de las glándulas sudoríparas próximas a la piel, la sangre se mezcla con el sudor y se exterioriza a través de los poros como si se sudara sangre. Esta combinación se va acumulando y, según la intensidad en la que se produzca, puede llegar a ser lo suficientemente considerable como para correr sobre el cuerpo hasta caer antes de llegar a la coagulación. Este es un fenómeno que raras veces aparece y que ocurre cuando la persona se encuentra en un estado de extremo estrés físico y emocional, que causa una gran debilidad y ansiedad, la que puede surgir, por ejemplo, cuando se acerca el momento de la muerte y se es consciente de ello. Esta hemorragia provoca que la piel quede lesionada, muy sensible a los golpes y con una sensación de gran dolor en todo el cuerpo.

En la obra *Le supplice de la Croix* (París, 1925), el Dr. Le Bec lo explica así:

Es un agotamiento físico acompañado de un trastorno moral, consecuencia de una emoción profunda, de un miedo atroz.

Este hecho, acontecido en el huerto de Getsemaní, nos muestra el estado emocional al que se hallaba sometido Jesús al saber que se aproximaba su captura y posterior crucifixión, es decir, su posible muerte inminente. Lo que implica que las pruebas que debería afrontar, los castigos que se aproximaban y la extrema soledad en la que se hallaba, habían comenzado a dejar sus huellas en este ser humano que, aún siendo un Maestro Iniciado, comenzaba a sufrir las consecuencias del salvajismo de los hombres que no podían ser capaces, por su condición de profanos, de comprender su misión en el mundo.

El segundo momento en el que podemos situar la serie de padecimientos que sufrió Jesús lo encontramos cuando, luego de ser capturado, es presentado frente al sumo sacerdote y abofeteado durante su interrogatorio. Juan (18:22) lo expresa de esta forma:

Aquí se encontraba Jesús frente al sumo sacerdote y al contestar a una pregunta fue abofeteado por un alguacil.

Esta "bofetada" o "bastonazo" (como han traducido algunos estudiosos del tema), provocaron la ruptura de la nariz de Jesús. De la manera en que fuera dado este golpe, lo cierto es que produjo una lesión en el cartílago de su nariz, capaz de desviarla de su plano normal. Este tipo de traumatismo suele causar una abundante hemorragia y trae como consecuencia dificultades importantes para respirar.

Luego de ser interrogado y abofeteado, Jesús recibió su condena sin juicio previo, bajo la excusa de ser un "blasfemo" cuando declara:

...y además os digo, que desde ahora veréis al Hijo del Hombre sentado a la diestra del poder de Dios, y viviendo en las nubes del cielo. Entonces el sumo sacerdote rasgó sus vestiduras, diciendo: ¡ha blasfemado! ¿Qué más necesidad tenemos de testigos? He aquí ahora mismo habéis oído su blasfemia. ¿Qué os parece? Y respondiendo ellos, dijeron: ¡es reo de muerte! (Mateo 26:64-66)

Y en el versículo 67 Mateo agrega:

...entonces le escupieron en el rostro, y le dieron de puñetazos, y otros le abofeteaban...

Al estar la piel de Jesús sumamente sensible, estos golpes debieron haberle causado un intenso dolor, mayor al que podría haber sentido en condiciones normales, sumado al hecho de que sus capilares sanguíneos, aún debilitados y rotos, deben haber

producido abundantes hematomas. Algunos investigadores le atribuyen a Isaías la profecía del calvario de Jesús. Si tenemos en
cuenta lo que él escribió al respecto, debemos sumar al tormento
que estaba recibiendo el que los pelos de su barba también fueron
arrancados:

*...di mi cuerpo a los heridores, y mis mejillas a los que me
mesaban la barba; no escondí mi rostro de injurias y de esputos.*
(Isaías 50:6)

Luego llegamos al momento de su presentación ante Poncio
Pilatos, quien declara no encontrar nada malo en Jesús como para
justificar un castigo mayor; lo envía a ser azotado para luego
dejarlo en libertad. Pero ante la presión del pueblo que pedía su
crucifixión, Pilatos cede y entrega a Barrabás.
Dice Mateo (26:27):

*...entonces les soltó a Barrabás; y habiendo azotado a Jesús
le entregó para ser crucificado.*

A partir de aquí, comienza el momento de la flagelación.

EL CAMINO DE LA CRUZ

Se dice que dos verdugos, con mucha experiencia en su oficio,
ubicados uno a cada lado de Jesús, se encargaron de propinarle más
de ciento veinte latigazos a lo largo de todo su cuerpo: tórax, abdo-
men, brazos y piernas, exceptuando la zona del pecho en que se
encuentra el corazón (porque la intención no era que muriera en ese
momento), sin dejar espacios libres entre cada golpe.
El elemento de tortura que utilizaron para hacer este trabajo
era el llamado *flagellum taxillatum*, una especie de bastón con

tiras de cuero cuyas puntas contenían trozos de hueso y de plomo. Esto explica que cada latigazo arrancara la piel de Jesús en jirones, dejándolo en lo que comúnmente se llama "carne viva" y haciéndole brotar abundante sangre.

Cualquier persona que hubiese sido expuesta a este tormento, no hubiera resistido tanto como lo hizo Jesús, habría rogado clemencia y se hubiese arrepentido de sus dichos y sus actos (blasfemos ante los ojos profanos de la gente). Y sin embargo él no lo hizo. Resistió increíblemente y con una entereza admirable todo el castigo a pesar de saber que era totalmente injusto. Su sensibilidad era mayor a la de cualquiera por el estado emocional y físico en el que se encontraba ya en el huerto de Getsemaní, y sin embargo se mantuvo sufriendo en silencio. Destacamos este hecho para demostrar que solo alguien preparado física y psicológicamente para algo semejante puede ser capaz de soportar tanto en las condiciones en las que él se encontraba al ser capturado.

Aquello se explica porque esta, para Jesús, era una prueba más, la última, de todo un proceso que había comenzado hacía ya muchos años. Él era un hombre iniciado, y por lo tanto, había atravesado el camino de la "oscuridad" durante su entrenamiento espiritual y físico, que lo llevó a alcanzar la iluminación y su condición de Maestro.

Quien no hubiese tenido esa experiencia iniciática no podría haber resistido psicológicamente un proceso tan cruel como el que él tuvo que soportar sin caer en la deshonra que hubiese significado "rendirse". Jesús se encontraba casi desnudo y luego de ser azotado se derrumbó sobre su propia sangre y recién allí le ofrecieron algo para cubrirse.

Entonces los soldados del gobernador llevaron a Jesús al pretorio, y reunieron alrededor de él a toda la compañía; y desnudándole, le echaron encima un manto de escarlata... (Mateo 27:27-28)

Pero allí no terminó su tormento.

Esperaron a que se repusiera un poco de sus heridas y continuaron con su tortura. Aquí llegamos al momento de la "coronación de espinas". Lo condujeron al atrio del pretorio para jugar a lo que en aquel tiempo se denominaba "el juego del rey". Este consistía en desnudar al reo, sentarlo en un banco de piedra, y luego de colocarle una caña en la mano a modo de cetro y una corona de espinas sobre su cabeza, golpeársela con diversos palos gritando:

...¡salve al rey de los judíos! Y le golpeaban en la cabeza con una caña, y le escupían, y puestos de rodillas le hacían reverencias. Después de haberle escarnecido, le desnudaron... (Mr.15:15; Mt.27:26-30; Jn 19:1-3)

La "corona" consistía en un entretejido de las espinas de una planta local alrededor de la cabeza en forma horizontal, de la frente a la nuca pasando por encima de las orejas. Marcos, al igual que Juan, coinciden en expresarlo de esta manera:

Plexantes stephanon ex acanthon (...) epethekan epi tes kefales autou.

Lo que se traduce como:

Entretejiendo una corona de espinas, se la pusieron sobre su cabeza.

Este "juego" era practicado tanto por adultos como por niños, podían participar quienes quisieran hacerlo, sin distinción de edad, lo que demuestra, una vez más, el salvajismo de esa gente.

Aquí debemos agregar, entonces, que Jesús no solo debió afrontar un dolor físico y psíquico insoportables, sino que, además, debió someterse a una gran humillación. Y en este punto hay que volver a destacar su entereza, su inmutabilidad, y su notable resistencia física y emocional, propias de un ser humano que ha recorrido un camino que lo distingue de los demás hombres. Después de esta terrible prueba, Jesús es enviado a morir.

Inmediatamente...le quitaron el manto, le pusieron sus vestidos, y le llevaron para crucificarle. (Mateo 27:31)

Sin quitarle la corona de espinas, le colocaron un madero sobre su espalda herida (que correspondía al palo transversal de la cruz), que se calcula que pesaba unas ciento diez libras. Y así debía recorrer unos seiscientos metros por un terreno pedregoso y ondulado. Pero su cuerpo macilento y desgarrado no pudo hacerlo solo: requirió de la ayuda de dos hombres, Simón y Cirene, quienes, cargándolo de ambos lados, lo llevaron finalmente hasta el sitio destinado a su crucifixión.

Aunque los Evangelios no lo mencionan, tradicionalmente se considera que antes de llegar al punto de destino, Jesús sufrió tres caídas que hirieron, aún más, sus rodillas descarnadas. De ser esto cierto y si tenemos en cuenta que el peso que llevaba consigo era bastante considerable, podemos inferir que debió haber sufrido graves traumatismos en sus rótulas.

Finalmente llegamos al momento de su crucifixión. En primer lugar, los soldados arrancan violentamente las vestiduras de Jesús, que, como podemos imaginar, se hallaban adheridas a su cuerpo ensangrentado. Seguramente, parte de su sangre ya se había coagulado y al desnudarlo de esa forma, la ropa debe haber despegado las llagas y parte de la carne desprovista de epidermis, en cuyo caso las terminaciones nerviosas estaban expuestas totalmente, sin protección alguna. El dolor debe haber sido inimaginable y atroz. Y nos estamos refiriendo a la totalidad del cuerpo, que comienza a sangrar nuevamente.

Al ser clavado en la cruz, lo hacen por los pies y las muñecas para que el peso del cuerpo no desgarrara las manos y los clavos se salieran. En ese momento, sin emitir quejidos, el pulgar de Jesús se dobla sobre la palma de la mano porque su nervio mediano ha sido herido. Cuando este nervio se lesiona produce un intensísimo dolor en los dedos que luego pasa a la espalda y finalmente al cerebro.

Se considera que el dolor más insoportable que un ser humano puede sufrir es el de la lesión en el tronco nervioso. Y aún así, Jesús, el Maestro Iniciado, se mantuvo en calma.

Después de ser clavado en la cruz, Jesús fue levantado y colocado junto a otros dos reos. Y, tal como él mismo había profetizado:

... y si yo fuese levantado de la tierra, a todos atraeré a mí mismo. Y decía esto dando a entender de qué muerte iba a morir. (Juan 12:32)

A partir de este momento Jesús comienza a tener problemas para respirar. Esto sucede porque el diafragma, cuyo movimiento permite contraer y relajar los pulmones, se queda en posición de inhalación, siendo casi imposible exhalar el aire. La única forma posible de lograrlo en esa postura es apoyándose en los clavos de los pies y en las muñecas. Esto debe repetirse una y otra vez. Pero el estado de debilidad general, los sucesivos calambres que van surgiendo y el excesivo dolor, brindan pocas posibilidades de que

Crucifixión, de Masaccio. La condena a la que es sometido Jesús es tan terrible que logra llenar de dudas al Mesías. Todas las convicciones por las que luchó cayeron en el manto de la incertidumbre por el dolor que le inflingía la tortura.

estos movimientos se ejecuten por mucho tiempo. Aún así, Jesús resistió tres horas más.

Y se dice que a la hora novena clamó a viva voz:

¿Eloí, Eloí, lama sabactani?

Que usualmente se traduce como:

¿Dios mío, Dios mío, por qué me has abandonado?

Pero que la lectura de los expertos indica que la verdadera traducción es:

Fuerza mía, fuerza mía, ¿por qué me has abandonado?

La versión habitual de los Evangelios es funcional a los intereses de los primeros cristianos y, a partir de allí, la de todo creyente.

En ese momento de dolor extremo el Maestro equivocadamente creía que el Padre –Dios– lo había abandonado. Es una buena imagen que será de gran utilidad en el mundo cristiano para comprender que hasta en los peores momentos el Padre está presente y si la persona sufre o atraviesa desgracias esto tiene que ver con el plan del Creador vedado al entendimiento humano. Obvio, sirve para mitigar angustias, aceptar malos momentos –recordemos la famosa expresión "resignación cristiana"– y hacer mansos a muchos que, de otro modo, se volverían revolucionarios.

Pero, de acuerdo a nuestro entendimiento y como acabamos de manifestar, lo dicho por Jesús fue otra cosa. Él manifiesta con esa frase que no se resigna a que en los momentos finales le falten fuerzas. No solo se trata del cansancio, las dificultades para respirar, la incómoda posición. Hay otra cosa que siempre estuvo a la vista de todos, pero que solo quienes son capaces de entender la trama oculta pudieron advertir. A Jesús las fuerzas físicas y psíquicas lo abandonan muy rápido... porque estaba haciendo efecto el medicamento que había en la esponja que despedía olor a vinagre. Esa es la realidad.

Agente químico mediante el cual se simularía la muerte ante los ignorantes ojos de sus custodios.

Por eso, después de dicha esa última frase, según narran los Evangelios, Jesús murió.

Existieron razones para deducir que el Maestro había muerto tras una breve agonía. Los dos ladrones crucificados, al mismo momento, no tuvieron semejantes padecimientos previos. Por eso también resultaba comprensible que siguieran vivos. Las causas de la muerte de Jesús les resultaban bastante evidentes.

Después de muchas horas de agonía física y emocional, y con la pérdida de tanta sangre durante su tortura, la poca que le quedaba era insuficiente y se había espesado, razón por la cual el corazón ya no podía hacer su trabajo en forma eficiente: el bombeo era extremadamente limitado. Al espesarse la sangre, el suero se separa de los glóbulos rojos y el pericardio (que es la membrana que recubre al corazón), se llena de líquido y se inflama.

Es probable que al ser atravesado por la lanza, según relatan los Evangelios, se haya producido una pericarditis, es decir, la ruptura de esta membrana, con la consiguiente muerte de Jesús.

Pero uno de los soldados le abrió el costado con una lanza, y al instante salió sangre y agua... (Juan 19:34)

En este pasaje evangélico, Juan confirmaría la tan mentada hipótesis de muerte por pericarditis. En general, lo que solía hacerse era quebrar los huesos de las piernas de los crucificados para que, de esa manera, no pudiesen apoyarse más sobre ellas para respirar y muriesen asfixiados. Pero en el caso de Jesús eso no fue necesario, porque la lanza que lo atravesó ya había cumplido con esa tarea.

Algunos dicen que de esta forma se concretó la profecía que anunciaba que:

Él guarda todos sus huesos; ni uno de ellos será quebrantado. (Salmo 34:20)

Esa es una interpretación literal. Nosotros preferimos inferir que su voluntad y su dignidad no lograron ser quebrantados pese a todo el tormento que debió sufrir. Y que esto solo fue posible por tratarse de un verdadero Maestro Iniciado, que demostró su condición frente a un injusto y terrible suplicio impuesto por un mundo que, inmerso en su profanidad y lejos de comprender a semejante hombre, mostró esa condición de la manera más brutal.

Capítulo IX
La historia desconocida de José de Arimatea

José de Arimatea ha pasado a la historia como el propietario del sepulcro en donde fue colocado el cuerpo de Jesús luego de su crucifixión. A pesar de que los Evangelios lo mencionan en una sola ocasión, figura en cuatro de ellos: Marcos 5, 43; Mateo 27, 57; Lucas 50; y Juan 19, 38.

Además, era miembro del Sanedrín, el tribunal supremo de los judíos, y Decurión del Imperio Romano, una especie de ministro encargado de las explotaciones de plomo y estaño, lo que implicaba ser un contribuyente importante y tener una función senatorial en alguna colonia del Imperio.

De hecho, José tenía una flota de barcos que comerciaban por el mar Mediterráneo y salían al océano Atlántico hasta las Islas Británicas donde en su costa oeste explotaba minas de plomo.

Por esta última razón es que no pocos autores; sobre todo quienes conforman el campo iniciático y esotérico, afirman que

José de Arimatea llevó el Santo Grial (fuera lo que en verdad fuese aquello) a Inglaterra y no a otro sitio.

Más allá de sus cargos políticos y su condición de hombre rico, José era bastante más que, simplemente, el dueño del sepulcro donde, convenientemente, sería depositado el maltrecho cuerpo de Jesús después de ser desclavado de la cruz. ¿Cuál fue el motivo si no, que el de cumplir parte del plan secreto del Maestro, que lo llevó a adquirir una amplia cueva/tumba y mantenerla vacía hasta ese momento? ¿Es que no había fallecido ninguno de sus familiares o seres queridos que mereciera ser depositado allí?

Adviértase que este tipo de tumbas, conformadas por una caverna grande, permitían depositar varios cuerpos.

En primer lugar podemos afirmar que Arimatea era hermano carnal de Jesús, lo que explica que solicitara audazmente (como escribe Marcos) su cuerpo a Poncio Pilatos y que ofreciera desinteresadamente el sitio para sepultarlo.

Esta relación de parentesco no ha sido documentada por los Evangelios porque obraría en contra de la tradición cristiana que afirma que Jesús era el hijo virginal de María y, por tanto, único.

Sin embargo, tenemos varios datos que confirman el lazo fraterno entre José de Arimatea y Jesús, como lo constituye el hecho de que, siendo miembro del Sanedrín, José se opuso al dictamen de la crucifixión de su hermano. Además, es justamente en su casa en donde se celebra la Última Cena de Jesús con sus Apóstoles.

De allí que cuando el Maestro brinda las indicaciones a sus discípulos, no les da el nombre ni las señas del dueño de casa. Se limita a expresar que vayan a la ciudad y lo encontrarán. Recordemos que pocos de sus seguidores, apenas los más confiables, tenían conocimiento de que un plan estaba siendo urdido.

¿Por qué habría de ceder su propiedad para la realización de este evento si no tenía ninguna relación con el Nazareno? Y, ¿por qué ofrecería un sepulcro grande y espacioso, del estilo que se utilizaba para sepultar a hombres importantes, si no lo unía a

Jesús un gran afecto comparable al de un hermano? Estos interrogantes no tendrían respuesta si consideráramos a José de Arimatea solo como un hombre rico y generoso, miembro del Sanedrín. No sería suficiente para explicar lo que, efectivamente, sucedió.

Por otra parte, si analizamos profundamente los hechos, un hombre con un alto rango político dentro del Imperio Romano, por lógica y sentido común, no se hubiese atrevido a realizar tales acciones en favor de Jesús, un condenado a muerte y manifiesto opositor del régimen imperial, si no lo hubiese mantenido unido a él algún lazo "especial".

Tal vez todo esto se entienda mejor si agregamos a esta "hermandad carnal" otra igualmente importante: la iniciática.

Ya hemos planteado que Jesús fue un Maestro iniciado en Egipto pero también en la Orden de los Esenios que vivían austeramente aislados en el desierto qumranico.

Ahora agregaremos que su "hermano", también fue iniciado por la misma orden esotérica y que, por esta razón, es que se encuentra ligado a él más allá del amor familiar. Claro está que, tanto uno como el otro, debían guardar el secreto de esta condición de iniciados. Sin embargo Juan, en 19,38-39, expresa que José era discípulo de Jesús pero que lo mantenía oculto por temor a las autoridades judías:

...Después, José de Arimatea, que era discípulo de Jesús, pero a escondidas por miedo a los judíos, pidió a Pilato que lo dejara llevarse el cuerpo de Jesús, y Pilatos se lo concedió, fueron, pues, y se lo llevaron. Fue también Nicodemo, el que anteriormente había ido a encontrarle de noche, llevando una mezcla de mirra y aloe, unas 100 libras.

Sabemos que esto puede ser entendido desde el punto de vista cristiano como que José compartía su mensaje tal como lo hicieron sus discípulos, pero desde el punto de vista que nos ocupa en esta ocasión debemos interpretarlo como un conocedor de los mismos misterios que Jesús y miembro de la misma orden que él.

Juan también menciona a Nicodemo (otro de sus adeptos secretos), quien era un dignatario que lo entrevista la noche anterior a la crucifixión (según consta en el capítulo III del Evangelio según San Juan), manteniendo un diálogo muy profundo con Él.

UNA TUMBA PARA JESÚS

Entre Nicodemo y José de Arimatea llevaron el cuerpo de Jesús al sepulcro que había cedido este último, luego de envolverlo en una sábana. Así lo expresan los Evangelios:

Mateo 27:59-60: Y tomó José el cuerpo, lo envolvió en una sábana limpia, y lo puso en su sepulcro nuevo; y después de hacer rodar una gran piedra a la entrada del sepulcro, se fue.

Marcos 15:46: José (...) compró una sábana, y quitándolo (de la cruz), lo envolvió en la sábana, y lo puso en un sepulcro que estaba cavado en una peña, e hizo rodar una piedra a la entrada del sepulcro.

Lucas 23:53: José de Arimatea, (...) quitándolo, lo envolvió en una sábana, y lo puso en un sepulcro abierto en una peña, en el cual aún no se había puesto nadie.

Resulta curioso que la tumba de Jesús no fuera rellenada con tierra (como es costumbre entre los judíos), sino que fuera tapada únicamente con una roca (que podía ser fácilmente apartada para poder salir), y que fuese lo suficientemente espaciosa como para que alguien allí dentro pudiese respirar.

Todo esto nos lleva a pensar que José de Arimatea y Jesús, hermanos iniciáticos y carnales, tenían un pacto secreto por el cual, de antemano, habían previsto la curación de las heridas de Jesús y su salida del sepulcro (que había sido recién excavado), contando con la ayuda del fiel Nicodemo.

Pero mucho más importante es señalar aquí que también resulta muy curioso a la comprensión de cualquier investigador que Jesús confiara esta tan delicada tarea a dos personajes que no eran discípulos declarados suyos, sino hombres que, en apariencia, poco tenían que ver con él. Esto es esencial y solo puede ser entendido desde la óptica que planteamos nosotros aquí: su doble relación de hermanos carnales e iniciados.

En el Evangelio de Marcos (15, 46-47; 16, 1-7), encontramos la siguiente cita:

Este —José de Arimatea—, *compró una sábana, bajó el cuerpo, lo envolvió en la sábana, lo depositó en un sepulcro tallado en la roca e hizo rodar una piedra para tapar la puerta del sepulcro, María Magdalena y María, madre de José, miraban dónde lo ponían. Pasado el sábado, María Magdalena, madre de Jaime, y Salomé compraron perfumes para ir a ungirlo. De buena mañana, el domingo, llegaron al sepulcro a la salida del sol. Y se decían entre ellas: ¿Quién nos separará la piedra de la puerta del sepulcro? miraron, y vieron que habían separado ya la piedra; era realmente muy grande. Entraron entonces en el sepulcro y vieron a un joven sentado a la derecha, vestido con un hábito blanco, y se asustaron. Pero él les dijo: no tengáis miedo. Buscáis a Jesús de Nazareth, el crucificado; ha resucitado, no está aquí; ved el lugar en el que le pusieron. Pero id, y decidles a sus discípulos y a Pedro que os precede a Galilea; allá lo veréis tal como os dijo.*

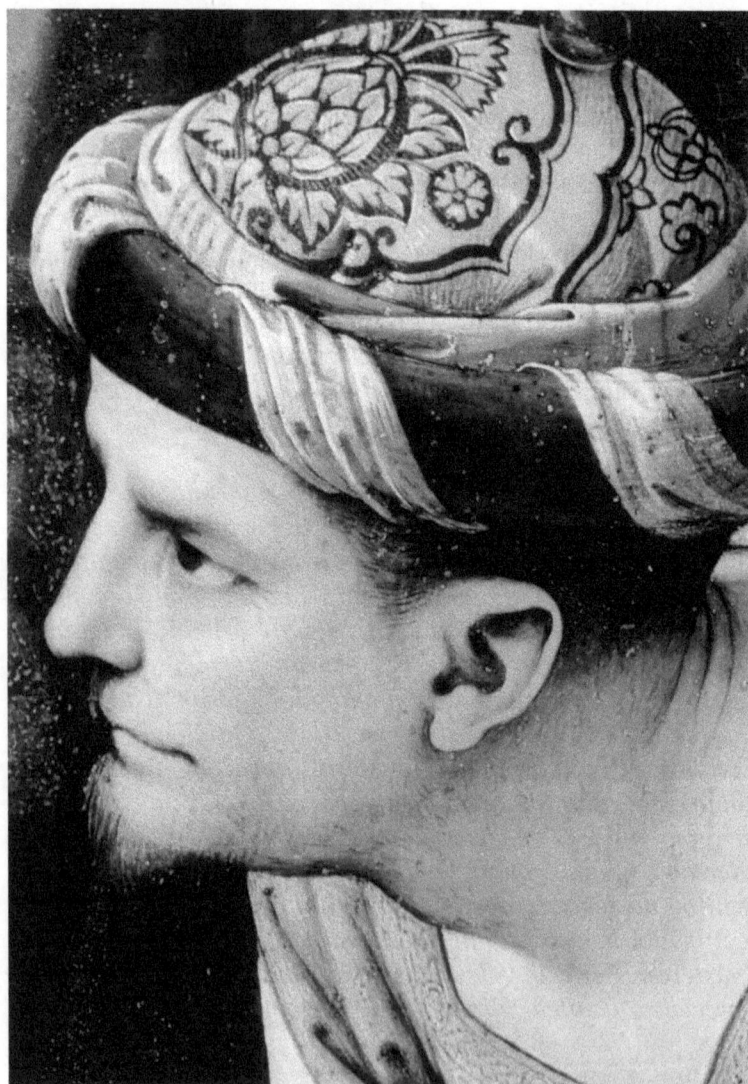

En este pasaje del Evangelio de Marcos se aclaran dos cuestiones importantes. La primera es que el sepulcro era lo suficientemente amplio como para permitir el ingreso de las mujeres que llegaron con la intención de ungirlo; y la segunda, que las heridas de Jesús ya habían sido atendidas y puesto en libertad para continuar su camino, es decir, que el plan secreto establecido con José de Arimatea y Nicodemo, había tenido éxito.

Respecto de la curación de Jesús, se sabe que Nicodemo le aplicó un ungüento que cicatrizaba las heridas y facilitaba la circulación de la sangre, que se conoce con el nombre de Marham-I-Isa (el ungüento de Jesús), o Marham-I-Rosul (el ungüento del profeta), citado en numerosos tratados médicos orientales en muchos de los cuales también se afirma que fue el que se le aplicó a Jesús luego de bajarlo de la cruz. El tratado más conocido en el que figura esta circunstancia es el famoso *Canon de Avicena*.

No es este un tema menor; porque Avicena no es un desconocido cualquiera sino uno de los prohombres de la medicina, cuya figura y obra ha permanecido hasta nuestros días. Si el uso del Marham-I-Rosul era tan difundido y aceptado en aquel entonces, ¿cómo es posible que a ninguno se le hubiera ocurrido que lo habían utilizado? No es posible pensar que todos aquellos que de una u otra forma participaron en los últimos momentos bíblicos de la vida de Jesús fueran tan ingenuos.

A la vez, conviene detenernos por un momento en la figura del célebre médico y filósofo persa Avicena (Abu'Ali al-Husayn ibn'abd Allah ibn Sina), nacido en Bujara, actual Irán, en 980 y fallecido en Hamadan, también territorio iraní durante 1037. Como consigna el sitio web *Biografías y Vidas* hablando de Avicena,

José de Arimatea, de Pietro Perugino.
Personaje bíblico que según la tradición cristiana era el
propietario del sepulcro en el cual fue depositado el cuerpo de
Jesús después de la crucifixión.

sus trabajos abarcaron todos los campos del saber científico y artístico de su tiempo e influyeron en el pensamiento escolástico de la Europa medieval, especialmente entre los franciscanos. Educado por su padre en Bujara (pasó toda su vida en las regiones del centro y el este de Irán), a los diez años ya había memorizado el Corán y numerosos poemas árabes. Estudió medicina durante su adolescencia, hasta recibir, con solo dieciocho años, la protección del príncipe Nuh ibn Mansur, lo cual le permitió entrar en contacto con la biblioteca de la corte samánida.

Su vida sufrió un brusco cambio con la muerte de su padre y la caída de la casa samánida por obra del caudillo turco Mahmud de Ghazna. Necesitó echar mano de su gran capacidad de concentración y de su enorme fuerza intelectual para continuar su extensa labor con una meritoria consistencia y continuidad. Durante el siguiente periodo de su vida ejerció la medicina en diversas ciudades de la región de Jorasan, hasta recalar en la corte de los príncipes Buyid, en Qazvin.

En estos lugares no encontró el soporte social y económico necesario para desarrollar su trabajo, por lo que se trasladó a Hamadan, ciudad gobernada por otro príncipe Buyid, Shams ad-Dawlah, bajo cuya protección llegó a ocupar el cargo de visir, lo que le valió no pocas enemistades que le obligaron a abandonar la ciudad tras la muerte del príncipe. Fue en esta época cuando escribió sus dos obras más conocidas. El "Kitab ash-shifa" que es una extensa obra que versa sobre lógica, ciencias naturales (incluso psicología), el quadrivium (geometría, astronomía, aritmética y música) y sobre metafísica, en la que se reflejan profundas influencias aristotélicas y neoplatónicas.

El texto que aquí nos ocupa, conocido usualmente como "Canon de Avicena" es el "al-Qanun fi at-tibb" (Canon de Medicina), el libro de medicina más conocido de su tiempo; es una compilación sistematizada de los conocimientos sobre fisiología

*adquiridos por médicos de Grecia y Roma, a los que se añadieron
los aportados por antiguos eruditos árabes y, en menor medida,
por sus propias innovaciones.*

En este texto se explican no solo la existencia y forma de aplicación del Marham-I-Rosul sino igualmente de otras sustancias similares muy conocidas entre los médicos de aquellos tiempos en Oriente Medio. Por último Avicena se trasladó a la corte del príncipe Ala ad-Dawlah, bajo cuya tutela trabajó el resto de sus días.

Pero volvamos a nuestras reflexiones sobre la actuación de José de Arimatea, en todo necesarias para el ajustado desarrollo del plan secreto urdido por el Maestro.

Todo esto adquiere mayor sentido si tenemos en cuenta lo que, históricamente, aconteció después con José de Arimatea.

Tras la "resurrección" de Jesús, José fue encarcelado, acusado por los judíos de haber sustraído su cuerpo del sepulcro. Se dice que durante su encierro en una torre tuvo una visión de Jesús y la revelación del misterio de que el Santo Grial era símbolo.

Tú custodiarás el Grial y después de ti aquellos que tú designarás.

Estas habrían sido las palabras que escuchó. Aunque tenemos información fidedigna en el sentido de que dicha tarea le había sido encomendada por el mismo Jesús, su hermano y Maestro, mucho antes de ocurrir la crucifixión.

Luego de ser liberado, y debido a la persecución de los judíos en Jerusalén, un grupo de cristianos embarcó en uno de sus barcos y navegaron hasta las costas de Francia, en el Mediterráneo. Con José viajaban, entre otros, María Magdalena, Marta, María Salomé (madre de los apóstoles Juan y Santiago), María Jacobé (madre de los apóstoles Santiago el Menor y Judas Tadeo), Marcial y

Lázaro. Todos ellos se convirtieron en los primeros evangelizadores de la zona.

En el año 63 d. C., José de Arimatea se trasladó a las Islas Británicas, estableciéndose en la ciudad de Glastonbury, donde fundó la primera iglesia británica consagrada a la Virgen y donde llevó el Misterio del Santo Grial.

Todas pruebas fehacientes de su profundo compromiso con la obra y la persona de Jesús, que fue más allá de lo que se quiso difundir hasta ahora.

Capítulo X

Judas Iscariote:
el hermano terrible

Todo aquel que fuere iniciado en alguna orden o escuela esotérica y que haya leído el relato evangélico sobre los hechos previos y posteriores a la crucifixión de Jesús ha de haber comprendido de inmediato que se trata de un relato en el que se encuentran todas y cada una de las etapas de la experiencia iniciática: la soledad, pues el tránsito es una vivencia personal, la manifestación del miedo frente a lo desconocido, que empero debe atravesarse puesto que permitirá un crecimiento, avance y desarrollo personal imposible de conseguir de otra forma, la confrontación con el maestro o guía ("Padre, aparta de mí este cáliz" donde ese "padre" en verdad debe leerse como quien conduce, quien favorece ese tránsito obligando al discípulo –en este caso Jesús ya, prácticamente, en su última etapa para conseguir la verdadera condición de maestro– a avanzar por encima de sus temores profanos y las consabidas limitaciones psicofísicoespirituales), el dolor físico, la

La traición de Judas, de Carvaggio.
Esta pintura hace referencia al beso con el
que entregó a Jesús a los romanos.

humillación, la vergüenza, la exposición ante quienes hasta ese momento son, al menos en apariencia, sus pares así como desconocidos, vecinos y enemigos; es decir: tan humanos y profanos como él, ignorantes de que en cada persona anida la posibilidad de un hombre nuevo, trascendente, pleno, espiritualmente completo; precisamente "hecho a imagen y semejanza del Creador".

Esa y no otra es la travesía que Jesús ha decidido, no sin algunas flaquezas que siempre alcanza superar, llevar a cabo; la transmutación completa, la concreción del Opus, la "resurrección" no en el sentido de morir en lo físico sino la necesaria "muerte simbólica" para que –de ella, cual Ave Fénix– aparezca el hombre en plenitud, armonía, con todas sus potencialidades activas.

Todo fue dispuesto para ello. Inclusive la necesaria presencia de un ayudante, un colaborador secreto, un puente tendido que –por lo delicado de su misión– debe permanecer entre tinieblas.

Se trata de Judas Iscariote. Es el elegido para que el proceso de transmutación resulte ineludible.

Los demás discípulos no pueden, no deben, enterarse de lo que está ocurriendo so pena de malograrlo como estuvo a punto de hacerlo Pedro en su total imposibilidad de discernir las parábolas de su Maestro.

Ese Pedro que afirma aceptará la muerte antes que negarlo y después le niega tres veces; ese Pedro que no puede mantenerse una hora despierto cuando el Maestro lo solicita especialmente; ese Pedro temeroso que busca las callejuelas para ocultarse cuando apresan a Jesús, ese es el que ha de edificar la Iglesia. Sinceramente resulta, como mínimo, extraño.

¿Qué capacidad para semejante obra podría albergar un hombre atento, ante todo, a cuidar su pequeña y oscura vida?

Ni siquiera es cierto que haya sido Pedro quien desenvaina la espada cortando la oreja de uno de los soldados; Mateo refiere que esto lo hace uno de los que acompaña a Jesús pero no dice quien.

Este tipo de sucesos así como la desaparición de toda persona de sexo femenino en papeles destacados en torno a la vida de Jesús de acuerdo a los Evangelios canónigos es, igualmente, sospechosa. Un rabí necesariamente debía casarse y tener hijos; otra cosa implicaría en aquellos tiempos deducir que había sido maldecido por Dios.

¿Por qué solo hay varones en torno al Maestro? ¿Cuál es la razón por la que las mujeres no aparecen en los relatos salvo en situaciones menores o desagradables?

Por eso es muy importante tener en cuenta los Evangelios no admitidos por la Iglesia como los hallados en Nahagmadi (Egipto) de origen copto, una comunidad también constituida en forma iniciática pero claramente diferenciada por estar sustentada desde el principio femenino que constituyó la columna vertebral de su formación espiritual.

Allí, en aquellos escritos escamoteados a los cristianos, se relata una historia que completa a la perfección la obra del rabí Jesús el Nazareno; un hombre extraordinario, pero un hombre. Nada menos que un hombre. Puesto que lo que Él pudo está al alcance de cualquiera de nosotros en la medida en que estemos dispuestos a vivir nuestra existencia acorde a las leyes universales, a la tradición hermética, a la búsqueda del hombre antes de la caída.

Es importante darse cuenta de que el cristianismo no habría pasado de ser una secta o un grupo de entre tantos de no haber sido por la decisión del emperador Constantino de convertirla en la religión oficial del Imperio Romano. Algo necesitaba –percibió su sagacidad política– para unir a pueblos de tan diferentes raíces. El cristianismo fue lo que encontró.

Pero ese hallazgo es menos de Constantino que de su madre, la futura Santa Helena. En verdad es esta mujer, tan especial, de tan firmes convicciones, la que prepara el campo –en especial con su larga peregrinación a Tierra Santa en busca de reliquias como la cruz, la corona de espinas y los clavos utilizados en la crucifixión del Maestro– la que realiza el trabajo esencial para la labor siguiente de Constantino.

Pero volvamos a Judas Iscariote.

Pongamos atención en que todo en este relato –tomo para nuestro trabajo el Evangelio de Mateo– tiene dichos donde aparece siempre el número tres o uno de sus múltiplos perfectos: el doce. Tres las veces que ora entre los olivares. Treinta son las monedas. Tres las veces que Pedro niega. Doce los apóstoles. Doce el número de legiones de ángeles… Tal cosa no es casual. Revela la profunda simbología del proceso iniciático cuyo número es el tres.

Tres es símbolo del campo espiritual. Cuatro del material. Tres por cuatro: doce. La integración, lo completo, el cosmos, la armonía, el respeto al principio primordial.

Judas está preparado no solo para ayudar a que Jesús concrete su tránsito iniciático, sino –y lo que quizás sea mucho más elevado– para tener la certeza de que por esta razón el recorrido iniciático de Judas será de mucho mayor compromiso. Su vergüenza y humillación no ha de durar horas como ocurre con el Maestro, sino siglos. En la memoria de los profanos su nombre aparecerá como sinónimo de traición barata ("treinta monedas") y de la forma más reprobable de conducta.

Lo cierto es, en cambio, que Judas hace las veces de hermano terrible, aquel que conduce al futuro transmutado mientras el candidato duda y de no mediar la acción resuelta de este hermano terrible, los sucesos no se desencadenarían nunca, transformando la posibilidad en frustración. Algo que toda la gente común sabe bien, pues lo atraviesa en su vida diaria.

Un análisis del relato hecho por Mateo permite confirmar que Judas Iscariote y Jesús tenían total certeza de los pasos que estaban dando y que fueran acordados en secreto y de ante mano; que había otros en conocimiento de lo mismo como el dueño de la casa donde ocurre la Última Cena; que los discípulos no solo permanecen totalmente ajenos a los acontecimientos planificados –por lo que Jesús debe repetir una y otra vez que hay que dejar que las cosas pasen pues de ese modo fue previsto apelando para ello a los profetas– sino que su conducta en general es deleznable: huyen, se alejan, escapan.

De haber entendido las palabras del Maestro, ¿a qué hubieran temido?, ¿por qué razón no lo hubieran acompañado en una situación dramática pero que llevaría a Jesús –según Él mismo indica– a un plano superior? Los discípulos poco o nada han comprendido sobre los motivos por los cuales el Maestro se comporta de este modo.

En algunos párrafos se menciona a la resurrección. Una idea nada infrecuente. Ya procede del Egipto faraónico donde, no olvidemos, Jesús vive sus primeros años de vida llevado por sus padres. Un tiempo que fue obliterado en los Evangelios canónicos y rescatado en los apócrifos.

Todo lleva a pensar que Jesús recibió varias iniciaciones, en diferentes grados, cada vez de mayor intensidad y provecho. La primera en Egipto; tal vez en la pirámide atribuida a Kheops. Fue iniciado igualmente en la Orden Esenia. Ahora se disponía a la mayor prueba; la última a la que un hombre puede aspirar: su transmutación absoluta. "Ser a imagen y semejanza del Creador." ¿Cómo es posible si no entender que tras la presunta resurrección sus discípulos, teniéndolo frente a ellos, no consiguen reconocerlo? Espíritu, mente y cuerpo trasmutaron. La esencia aflora en plenitud pero la persona ya no puede percibirse como antes. Lo que C. G. Jung llamaba "el Arquetipo de Muerte y Resurrección". El mito griego del Ave Fénix capacitada para resucitar de entre sus propias cenizas. Alegorías de la transmutación alquímica. Del trabajo, de acuerdo a las enseñanzas de la tradición hermética.

Pasemos, ahora, a nuestra interpretación de los hechos.

Mateo 26

1- Y aconteció que, como hubo acabado Jesús todas estas palabras, dijo a sus discípulos:

2- Sabéis que dentro de dos días se hace la Pascua, y el Hijo del hombre es entregado para ser crucificado.

Jesús anuncia los hechos futuros para conocimiento de quienes le escuchan y lo hace como si estos supieran de qué se trata. Va preparándolos. De la manera en que habla no hay dudas de que tiene perfecto conocimiento de todos los pasos que habrán de sobrevenir. Ya informa que va a ser "entregado."

3- Entonces los príncipes de los sacerdotes, y los escribas, y los ancianos del pueblo se juntaron al patio del pontífice, el cual se llamaba Caifás.

Coincidente con el anuncio a los discípulos Caifás reúne al Sanedrín. ¿Cómo es que el Maestro conoce que esto está ocurriendo? ¿Es lícito pensar que los máximos sacerdotes y escribas eran parte del acuerdo establecido por Jesús para que su transmutación tuviera real concreción?

El punto es esencial porque si ocurrió como suponemos, y todo fue un plan urdido entre los mayores exponentes del desarrollo espiritual de aquel lugar y momento –a fin de cuentas Jesús es un rabí, un maestro–, ninguno traicionó a ninguno, ninguno buscó la muerte de Jesús (puesto que todos tenían conocimiento del plan y de que no habría de morir sino que cambiaría de condición) aunque a los ojos profanos y de Roma así parecería con lo cual se evitaban miradas indiscretas.

4- Y tuvieron consejo para prender por engaño a Jesús, y matarle.

Precisamente, para lograr este propósito a través de un engaño, había un engañador ya previsto: Judas Iscariote.

5- Y decían: No en el día de la fiesta, porque no se haga alboroto en el pueblo.

Extraña esta conducta si no se tiene en cuenta lo antes dicho. Por un lado se afirma que se quiere matarlo para dar un escarmiento, pero por otro se busca que el pueblo no se alborote. Que se enteren, pero que no se enteren, en verdad, contrario al comportamiento usual que implica que el pueblo esté presente y vea lo que acontece. De allí surgiría el escarmiento...

6- Y estando Jesús en Bethania, en casa de Simón el leproso.

7- Vino a él una mujer, teniendo un vaso de alabastro de unguento de gran precio, y lo derramó sobre la cabeza de él, estando sentado a la mesa.

8- Lo cual viendo sus discípulos, se enojaron, diciendo: ¿Por qué se pierde esto?

9- Porque esto se podía vender por gran precio, y darse a los pobres.

10- Y entendiéndolo Jesús, les dijo: ¿Por qué dais pena a esta mujer? Pues ha hecho conmigo buena obra.

Téngase muy en cuenta, por lo que diremos seguidamente, esto de ha hecho conmigo buena obra.

11- Porque siempre tendréis pobres con vosotros, mas a mí no siempre me tendréis.

¿A qué pobres se refiere el Maestro? ¿Y cuál es la causa por la que siempre habrá pobres? ¿Por qué pone a los pobres en comparación con Él diciendo que no siempre lo tendrán? Una de dos, o está afirmando que la injusticia reinará por siempre en la Tierra, o aquí pobre es sinónimo de "profano"; de quien nunca recibió la Luz transformadora.

12– Porque echando este ungüento sobre mi cuerpo, para sepultarme lo ha hecho.

Jesús explica, buscando ser entendido, de la manera que le es posible ante un auditorio poco calificado, lo que está ocurriendo. Una mujer –que no ha de haber sido una mujer cualquiera– llega hasta el Maestro colocando en los cabellos de Él y en toda la piel del cuerpo algo que el evangelista llama "ungüento." Tampoco cualquier ungüento. Es algo costoso. Tanto es así que los discípulos, menos interesados en el bienestar de su guía y mucho más en el dinero que pudiera reportarles la venta de aquella misteriosa sustancia, plantean la conveniencia de haberlo vendido.

Peculiares seguidores estos, que anteponen el dinero al bienestar de Él. Por eso el Maestro explica que lo ha hecho por ser necesario para cuando sea sepultado. ¿Qué quiso decirles con esa afirmación?

Obvio que sus oyentes –a más desconocedores del plan tramado– nada entienden. Lo cierto es que Jesús ha recibido, de manos de esta mujer, un necesario tratamiento merced al cual su cuerpo podrá recibir con menor daño y dolor las mortificaciones que le aguardan. Se trata de un elixir preparado para que pueda soportar con menor sufrimiento lo que tendrá que atravesar cuyo efecto se potenciará con el paso de las horas adquiriendo el mayor provecho al momento de los tormentos.

13– De cierto os digo, que donde quiera que este Evangelio fuere predicado en todo el mundo, también será dicho para memoria de ella, lo que esta ha hecho.

La esposa de Jesús

Aunque muy pocos parecen haber reparado en esto, no hay que ser demasiado lúcido para comprender que no cualquiera podía aproximarse a Jesús llevando un ungüento y ser autorizado a echarlo sobre el Maestro. Es de sentido común pensar que tuvo que tratarse de una mujer conocida por todos, suficientemente cercana al Maestro como para poder arrojar un líquido sobre su cabeza y que ninguno hiciese otra recriminación que el desperdicio económico.

Además de esto, preguntémonos: ¿quién era el acaudalado que financió la compra? Una mujer aparece de pronto portando algo costoso que a ninguno llama la atención. Lo más probable es que se tratara de la misma María Magdalena; la mujer de Jesús, su esposa amada. Y la reconvención dineraria que hacen algunos discípulos, otra de las manifestaciones de envidia tan frecuentes hacia ella como lo han registrado algunos de los Evangelios Apócrifos.

Esto también explica el motivo por el cual Mateo –sea quien fuere en verdad el primero en escribir este texto que ahora analizamos– mantuvo en el anonimato a esta mujer; en el supuesto caso de que las primeras versiones guardaran, efectivamente, tal anonimato, ya que es probable que fuera quietado el nombre a medida que los Evangelios se reescribieron.

Tan importante es lo que la mujer ha hecho, que Jesús lanza una advertencia que parece haber pasado desapercibida para todos desde entonces. Afirma que cuando se prediquen los Evangelios también será dicho para memoria de ella. ¡Vaya dato! Los Evangelios cuando se predican no se hacen solo en nombre de Él, sino

de dos personas: el Maestro y aquella desconocida. Hecho que nos pone en alerta sobre el punto clave de que hay una mujer a la cual los cristianos tienen el deber de recordar y que, sin embargo, no solo no es recordada sino que ni siquiera puede decirse quién era ella.

Jesús pone en su mismo nivel a dicha mujer, que es quien lleva a cabo un ritual sanador.

Se les ha escapado aquí, a quienes se ocuparon de "pulir" las Escrituras, un hecho valiosísimo en el que se comprueba el lugar tan especial –de privilegio puede decirse– en que el Maestro colocó al principio femenino.

Ella cuida a Jesús. Ella tiene el conocimiento. Ella lo protege. Jesús la encuentra su par, lo que en ningún momento de los Evangelios ocurre con ninguno de sus seguidores.

11- Entonces uno de los doce, que se llamaba Judas Iscariote, fue a los príncipes de los sacerdotes,

12- Y les dijo: ¿Qué me queréis dar, y yo os lo entregaré? Y ellos le señalaron treinta piezas de plata.

13- Y desde entonces buscaba oportunidad para entregarle.

14- Y el primer día de la fiesta de los panes sin levadura, vinieron los discípulos a Jesús, diciéndole: ¿Dónde quieres que aderecemos para ti para comer la pascua?

María Magdalena es mencionada tanto en el Nuevo Testamento canónico como en varios evangelios apócrifos como una distinguida discípula de Jesús.

15- Y él dijo: Id a la ciudad a cierto hombre, y decidle: El Maestro dice: Mi tiempo está cerca; en tu casa haré la pascua con mis discípulos.

Otro pasaje que ya ha llamado la atención de varios estudiosos: *Id a la ciudad a cierto hombre y decidle...* Pero, ¿quién es este hombre que tiene en su casa todo preparado para la Última Cena? Deberíamos pensar que se trata de otro de los miembros de la trama que secretamente ha urdido Jesús. Cierto hombre es una expresión que suena más a texto corregido a posteriori con el único fin de borrar las señas sobre quién era el dueño de la casa. Cruzando datos, en base a todas las fuentes de que se dispone en la actualidad —y aún habiendo demasiadas en secreto— puede afirmarse que era la residencia de su adinerado hermano (en el doble carácter de hermano carnal y hermano iniciático) José de Arimatea.

Va de suyo que Jesús solo podía pasar su última cena en un ambiente familiar, seguro y a resguardo, donde tendría la comodidad y disposición requerida. Era la residencia de José de Arimatea, de planta baja y primer piso, con comida y bebida en abundancia y sirvientes confiables en cuanto a la reserva. Por eso los discípulos encuentran sin dificultad el sitio. Todo estaba combinado de antemano.

16- Y los discípulos hicieron como Jesús les mandó, y aderezaron la Pascua.

17- Y como fue la tarde del día, se sentó a la mesa con los doce.

Poco importa, realmente, si en la mesa hubieron doce o muchos más. Lo probable es que fueran un mayor número. Pero como ya hemos señalado aparece esta cifra —doce— para mantener la lectura simbólica en clave esotérica. Cuatro veces tres: doce. Lo espiritual en su máxima expresión multiplicado por cuatro, el número de la materia: integración armónica e infinita de los opuestos. La obra final y anhelada del alquimista.

18- Y comiendo ellos, dijo: De cierto os digo, que uno de vosotros me ha de entregar.

...uno de vosotros me ha de entregar.
Jesús continúa, paso a paso, lentamente, dando información a sus discípulos sobre lo que va a pasar. No duda. No titubea. Todo se encuentra perfectamente planificado. Y solo las personas de absoluta confianza –aquellas cuya capacidad espiritual e intelectual está demostrada– forman parte del proceso.

19- Y entristecidos ellos en gran manera, comenzó cada uno de ellos a decirle: ¿Soy yo, Señor?

20- Entonces él respondiendo, dijo: El que mete la mano conmigo en el plato, ese me ha de entregar.

Es bien simple comprender que ante tamaña afirmación un perjuro verdadero se habría limitado a comer de cualquier otro plato que no fuera el que utilizaba el Maestro. Tampoco hubiera preguntado si habría de ser él; mas bien hubiera buscado pasar desapercibido. Pero no lo hace, se muestra. Y Jesús colabora para ello. Es un teatro: hay un libreto, actores y espectadores.

10- A la verdad el Hijo del hombre va, como está escrito de él, mas ¡ay de aquel hombre por quien el Hijo del hombre es entregado! bueno le fuera al tal hombre no haber nacido.

11- Entonces respondiendo Judas, que le entregaba, dijo. ¿Soy yo, Maestro? Dícele: Tú lo has dicho.

12- Y comiendo ellos, tomó Jesús el pan, y bendijo, y lo partió, y dio a sus discípulos, y dijo: Tomad, comed, esto es mi cuerpo.

13- Y tomando el vaso, y hechas gracias, les dio, diciendo: Bebed de él todos.

14- Porque esto es mi sangre del nuevo pacto, la cual es derramada por muchos para remisión de los pecados.

15- Y os digo, que desde ahora no beberé más de este fruto de la vid, hasta aquel día, cuando lo tengo de beber nuevo con vosotros en el reino de mi Padre.

Al afirmar que aquel hombre por quien el Hijo del hombre es entregado, bueno le fuera al tal hombre no haber nacido, el Maestro arroja confusión entre los lectores bíblicos profanos, puesto que la interpretación que estos hacen de la sentencia es que lo está maldiciendo por traidor. No hay tal cosa. Lo que leemos en clave iniciática es una gran verdad, reiterada en mitos y leyendas de todas las culturas y todos los tiempos, aquel que es designado para servir de llave hacia la transmutación es la persona que luego será motivo de escarnio de los profanos quienes, al carecer de Luz, en modo alguno pueden entender lo necesario de ese proceder y lo interpretan de manera mezquina, a su modo; una manera equivocada pero comprensible en quienes opinan sobre lo que desconocen.

Los caminos que se bifurcan

Jesús, después, se refiere a que la próxima vez que beba vino ya será el hombre nuevo, el que ha completado todo el proceso de individualización a que puede aspirar un humano. *El reino de mi Padre* es como decir "el mundo de mi guía", el sendero de la luz o cual si hubiera expresado: "Entonces sí seré Maestro".

La mención a la sangre que será derramada por muchos es referencia a todas las persecuciones que hubo pero que seguirían sobreviniendo sobre quienes están dispuestos a lograr consigo mismos la obra, la transmutación definitiva. Y, en verdad, hasta hoy mismo esto sigue sucediendo. Por eso el iniciado debe callar tantas veces como números tiene el infinito.

16- Y habiendo cantado el himno, salieron al monte de los Olivos.

17- Entonces Jesús les dice: Todos vosotros seréis escandalizados en mí esta noche; porque escrito está: Heriré al Pastor, y las ovejas de la manada serán dispersas.

Una vez más Jesús anuncia los hechos que sucederán.

La comparación del pastor y el rebaño es interesante; habla de la asimetría entre uno y los otros que se producirán sin el guía. El Maestro ya sabe que cuando Él logre su propósito tan elevado, quienes hasta ese entonces le seguían, llamándose discípulos, no podrían seguir el mismo camino. Tan solo quedarán la melancolía, el recuerdo, la evocación de haber compartido aquellos tiempos únicos.

16- Mas después que haya resucitado, iré delante de vosotros a Galilea.

Se advierte, de acuerdo al modo en que habla Jesús, que cuando se refiere a la resurrección no la asocia con su traslado a "otro mundo" o cosa que se le parezca. Lo que anuncia es que volverá a dirigirlos para conducirlos fuera de Jerusalén y llevarlos hasta Galilea. Nada especial ni espectacular en verdad. ¿No hay aquí una clave simple y sencilla para entender a qué tipo de muerte y resurrección se está refiriendo Él?

17- Y respondiendo Pedro, le dijo: Aunque todos sean escandalizados en ti, yo nunca seré escandalizado.

18- Jesús le dice: De cierto te digo que esta noche, antes que el gallo cante, me negarás tres veces.

19- Dícele Pedro. Aunque me sea menester morir contigo, no te negaré. Y todos los discípulos dijeron lo mismo.

Como se observa, los discípulos tienen la característica de personalidad típica de la gente profana, del hombre común, del pueblo que confunde decir con hacer. Los discípulos, muy entusiasmados y sin tener una idea mínima sobre aquello de que les habla el Maestro, afirman que no lo negarán, no lo dejarán, preferirán morir antes que eso.

Frente a los hechos concretos la reacción será diferente. Tal como ha ocurrido con tantos acontecimientos de la historia entre líderes y seguidores.

20- Entonces llegó Jesús con ellos a la aldea que se llama Gethsemaní, y dice a sus discípulos: Sentaos aquí, hasta que vaya allí y ore.

Empiezan, a partir de este momento, los pasos rituales que Jesús debe completar para que su ceremonia de iniciación alcance el grado supremo que esta le depara. Por eso necesita aislarse, separarse del grupo sin que este deje de estar cerca. La tarea en que está embarcado requiere, ya mismo, de necesarios ejercicios de concentración mental intensos, preparatorios del estado alterado de conciencia, que deberá adquirir para superar exitosamente los tormentos a que se lo someterá. No alcanzaría con el ungüento de aquella mujer, ni con otra bebida que le será administrada, como se verá en su momento, cuando ya esté colgando de la cruz.

21-Y tomando a Pedro, y a los dos hijos de Zebedeo, comenzó a entristecerse y a angustiarse en gran manera.

Otro signo inequívoco de la vivencia iniciática previa a atravesar los pasos concretos que a ella conllevan, son el acrecentamiento de los sentimientos de tristeza y angustia. Todo quien ha pasado por una experiencia iniciática lo sabe. Una lánguida y sutil tristeza, pues hay un perfil de la personalidad de uno mismo que morirá: intereses, búsquedas, gustos, relaciones que desaparecen para siempre dando paso a nuevos horizontes. Amigos y afectos que ya no estarán junto a uno. Y la angustia frente a lo deseado pero temido por desconocido.

No hay atajos en el campo iniciático, ni agentes facilitadores. La transformación –mucho más que ello, la transmutación– solo es dable mediante la experiencia personal de estados que alteran la conciencia a tal punto que la energía misma de lo viviente se manifiesta. (Es por esto que la llamada Sábana Santa que se encuentra en Turín muy probablemente no sea la sábana donde fue envuelto Jesús mientras completaba su trabajo esotérico de "resurrección", pero sí la que fue utilizada por alguna otra de las pocas personas –entre hombres y mujeres– que fueron capaces de realizar travesía interna semejante desde aquella fecha a la actualidad).

*21- Entonces Jesús les dice: Mi alma está muy triste hasta la
muerte; quedaos aquí, y velad conmigo.*

¡Imposible no entender tan transparente simbología! Su alma
está muy triste hasta la muerte. Debe entenderse que el alma estará triste hasta que la transformación (representada por la "muerte" como siempre se ha utilizado en la alquimia) haya acontecido.
Como se trata de un hecho sacro que requiere quietud, atención,
fraternal afecto y recogimiento, el Maestro pide que le acompañen
el sentimiento.

*22- Y yéndose un poco más adelante, se postró sobre su
rostro, orando, y diciendo: Padre mío, pasa de mí este cáliz; pero
hágase tu voluntad y no la mía.*

Es este uno de los instantes más difíciles del proceso iniciático. Allí muchos, desde la mítica, legendaria e histórica Atlántida
—madre de todas las escuelas de sabiduría esotérica— y hasta el
presente, han fallado, trastabillado, dudado y regresado por donde
habían llegado. El guía (que aquí aparece como el padre; es decir
el que estipula la ley, quien indica cuáles son las normativas para
cumplir el proceso) exige a Jesús que complete su transformación
mediante la cual podrá hacer uso voluntario de todas aquellas
fuerzas cósmicas que habitan en potencia a los humanos.

Jesús no duda; en el mejor de los casos lo que está haciendo
es pedir tiempo; pasar el cáliz implica darle de probar la copa a
otro antes que a uno, es cierto. ¿Quién no ha pensado en pedir un
poco más de tiempo cuando estaba frente a la puerta que lleva al
sendero de la transmutación? Pero conlleva la idea de que,
aunque sea más tarde, finalmente uno beberá de ella. Esto es,
aceptará hacer lo necesario para completar la iniciación final.

Superando ese temor tan natural y hasta necesario para dar el
valor que tiene cada acto iniciático, Jesús reconoce la autoridad,

sabiduría y clarividencia (no en el sentido parapsicológico del término sino en su etimología de "ver claro" de tener absoluta comprensión de lo que conviene realizar) del guía –el padre– y se dispone a atravesar las dolorosas pruebas.

23- Y vino a sus discípulos, y los halló durmiendo, y dijo a Pedro: ¿Así no habéis podido velar conmigo una hora?

El sendero iniciático es personal y de una soledad absoluta. En estos pasajes se evidencia eso. Ninguno puede acompañar a Jesús en el esfuerzo. Ni siquiera en los primeros rituales requeridos, como lo es trabajar la concentración mental para adquirir un estado especial de conciencia.

Ninguno de los discípulos está preparado, ni en lo mínimo, para semejante cosa. Entre ellos el propio Pedro.

¿Realmente Jesús afirmó que tu eres Pedro y sobre esta piedra edificaré mi iglesia o se trata –como pensamos– de otras de las tantas frases modificadas de los Evangelios con la sola intención de excluir –por ejemplo– a María Magdalena?

24- Velad y orad, para que no entréis en tentación: el espíritu a la verdad está presto, mas la carne enferma.

25- Otra vez fue, segunda vez, y oró diciendo. Padre mío, si no puede este vaso pasar de mí sin que yo lo beba, hágase tu voluntad.

26- Y vino, y los halló otra vez durmiendo; porque los ojos de ellos estaban agravados.

27- Y dejándolos fuese de nuevo, y oró tercera vez, diciendo las mismas palabras.

Jesús ya se encuentra plenamente decidido a continuar. Entiende cabalmente que está solo y que quienes hasta el presente lo siguieron no pueden hacer nada fuera de eso. Servirán, en el futuro, para relatar historias seguramente exagerándolas y olvidando enseñanzas que no estuvieron capacitados para comprender.

Además, ¿quiénes son estos discípulos que lo acompañan pero que no pueden seguirlo? Ninguno de los que el Maestro incluyó en su plan secreto, por cierto. ¿No se encuentran con Él las mujeres? Pareciera que no. Quizás estén ocupadas preparándose para las tareas que les aguardan ya que todo lleva a pensar que ellas se encontraban en perfecto conocimiento del plan urdido y a cada una le cabía cierta responsabilidad.

28- Entonces vino a sus discípulos y díceles: Dormid ya, y descansad: he aquí ha llegado la hora y el Hijo del hombre es entregado en manos de pecadores.

Entregado en manos de pecadores debe leerse "puesto en manos profanas" porque –y no deja de ser paradójico– se trata aquí de un pasaje iniciático al que se ha echado manos de profanos para realizarlo. Son meros instrumentos, ignoran los motivos ciertos y escondidos de por qué y para qué están participando de estos hechos.

Poncio Pilatos entrevé –dada su astucia y capacidad política– que en torno a todo esto que está sucediendo con Jesús hay cosas que carecen de sentido.

De la lectura de los Evangelios queda claro que Pilatos se da cuenta de que algo ocurre fuera de su comprensión y a lo que se hallan vinculados desde el Sanedrín hasta el mismo Jesús.

46- Levantaos, vamos: he aquí ha llegado quien me ha entregado.

¡No puede ser más evidente! Jesús avisa que todo está por comenzar. Solo quien conoce lo que ha planificado puede pronunciarse de tal modo.

47- Y hablando aún él, he aquí Judas, uno de los doce, llegó, y con él mucha gente con espadas y con palos, de parte de los príncipes de los sacerdotes, y de los ancianos del pueblo.

48- Y el que le entregaba les había dado señal, diciendo: Al que yo besare, aquél es: prendedle.

49- Y luego que llegó a Jesús, dijo: Salve, Maestro. Y le besó.

50- Y Jesús le dijo: Amigo, ¿a qué vienes? Entonces llegaron, y echaron mano a Jesús, y le prendieron.

Sorprendente secuencia. Jesús avisa una y otra vez cuánto habrá de acontecerle. Nota que Judas Iscariote se acerca hasta donde ellos se encuentran (lo que, por otro lado, aclara que no fue uno de quienes por tres veces se quedaron dormidos cuando el Maestro pedía que lo acompañaran.) El Evangelista confirma que Judas arriba con los pecadores que vienen a prenderlo.

Mas cuando el supuesto "traidor" cumple su misión, Jesús lo interroga: ¿A qué vienes? ¿Cómo a qué vienes puede preguntarse con justo derecho el lector de las Escrituras. Si Él mismo ha dicho una y otra vez que esto pasará y lo dirá de nuevo más tarde. ¿A qué atribuir esta innecesaria pregunta? Y la respuesta es una sola: Jesús tiene que fingir sorpresa —seguir actuando un guión predeterminado, como ya hemos dicho— para que los soldados y la muchedumbre no sospechen que están siendo objeto de un plan que desconocen. Es la única causa por la cual pudo haber interrogado de ese modo.

10– Y he aquí, uno de los que estaban con Jesús, extendiendo la mano, sacó su espada, e hiriendo a un siervo del pontífice, le quitó la oreja.

Entonces Jesús le dice: *Vuelve tu espada a su lugar; porque todos los que tomaren espada, a espada perecerán.*

¿Acaso piensas que no puedo ahora orar a mi Padre, y él me daría más de doce legiones de ángeles?

¿Cómo, pues, se cumplirían las Escrituras, que así conviene que sea hecho?

13- En aquella hora dijo Jesús a las gentes: ¿Como a ladrón habéis salido con espadas y con palos a prenderme? Cada día me sentaba con vosotros enseñando en el templo, y no me prendisteis.

Jesús, como buen rabí, recuerda las veces que enseñaba en el templo. No una ni dos, sino frecuentemente. Para aquellos judíos este maestro era uno más de los tantos rabinos (maestros) que predicaban a las puertas del Segundo Templo que sería destruido un par de décadas después. Y, preguntémonos otra vez, ¿cuál es la causa por la que Jesús dice estas cosas? Precisamente para distraer, para dar la impresión de que está desconcertado, de que Él nada tiene en relación a cuanto ocurre.

14- Mas todo esto se hace, para que se cumplan las Escrituras de los profetas. Entonces todos los discípulos huyeron, deján-dole.

15- Y ellos, prendido Jesús, le llevaron a Caifás pontífice, donde los escribas y los ancianos estaban juntos.

16- Mas Pedro le seguía de lejos hasta el patio del pontífice; y entrando dentro, estábase sentado con los criados, para ver el fin.

17- Y los príncipes de los sacerdotes, y los ancianos, y todo el consejo, buscaban falso testimonio contra Jesús, para entregale a la muerte;

18- Y no lo hallaron, aunque muchos testigos falsos se llegaban; mas a la postre vinieron dos testigos falsos,

19- Que dijeron: Este dijo: Puedo derribar el templo de Dios, y en tres días reedificarlo.

20- Y levantándose el pontífice, le dijo: ¿No respondes nada? ¿qué testifican estos contra ti?

21- Mas Jesús callaba. Respondiendo el pontífice, le dijo: Te conjuro por el Dios viviente, que nos digas si eres tú el Cristo, Hijo de Dios.

22- Jesús le dijo: Tú lo has dicho: y aun os digo, que desde ahora habéis de ver al Hijo de los hombres sentado a la diestra de la potencia de Dios, y que viene en las nubes del cielo.

23- Entonces el pontífice rasgó sus vestidos, diciendo: Blasfemado ha: ¿qué más necesidad tenemos de testigos? He aquí, ahora habéis oído su blasfemia.
24- ¿Qué os parece? Y respondiendo ellos, dijeron: Culpado es de muerte.

25- Entonces le escupieron en el rostro, y le dieron de bofetadas; y otros le herían con mojicones.
Atendiendo a este relato es innecesario anotar que Jesús hace todo cuanto se encuentra a su alcance para ser condenado a muerte.

Caifás –que como Judas quedó para la lectura superficial de la historia como otro de los culpables– una y otra vez hace preguntas buscando que el prisionero se defienda; le otorga intersticios para que consiga evitar su condena. La actitud de Jesús persigue lo opuesto. Quiere que lo condenen. Sus respuestas son sibilinas, ambiguas; ni niega ni afirma. Permanece en silencio.

Diciendo: *Profetízanos tú, Cristo, quién es el que te ha herido.*

Y Pedro estaba sentado fuera en el patio: y se llegó á él una criada, diciendo: *Y tú con Jesús el Galileo estabas.*

71- Mas él negó delante de todos, diciendo: No sé lo que dices.

72- Y saliendo él a la puerta, le vió otra, y dijo a los que estaban allí: También este estaba con Jesús Nazareno.

73- Y negó otra vez con juramento: No conozco al hombre.

74- Y un poco después llegaron los que estaban por allí, y dijeron a Pedro: Verdaderamente también tú eres de ellos, porque aun tu habla te hace manifiesto.

75- Entonces comienzo a hacer imprecaciones, y a jurar, diciendo: No conozco al hombre. Y el gallo cantó luego.

76- Y se acordó Pedro de las palabras de Jesús, que le dijo: Antes que cante el gallo, me negarás tres veces. Y saliéndose fuera, lloró amargamente.

Hay que distinguir el hecho de que el evangelista haya cuidado dejar para los futuros seguidores el relato del comportamiento indigno de Pedro. A ningún otro de los discípulos hace referencia. Pero de Pedro sí y en detalle. Algunos analistas cristianos suponen ver en esto el valor de la conversión, de cómo una persona pusilánime, mezquina y falsa puede transformarse por acción de la fe en un titán.

Podría ser. Pero es dudoso.

Psicológicamente ¿cómo creer que semejante cadena de debilidades mientras tenía al líder delante hayan variado hacia lo diametralmente opuesto cuando ya no contaba con Él?

Existen quienes sostienen que tras lo que la cristiandad llama resurrección Pedro encontró la fuerza necesaria para constituirse en el eje fundamental de la erección de la Iglesia. Quizás. Pero también es posible que el evangelista haya buscado dejar en claro quién fue quién en aquel entonces y que, arteramente, ciertos pasajes fueran quitados. Claro que no ocurrió así en los Evangelios Apócrifos. Entonces, alguien tuvo que decidir que estos cuatro que conforman los Evangelios Canónicos fueran los de "inspiración divina" y los restantes no.

Ahora bien, ¿sabe el lector que tales escrituras de inspiración divina fueron las historias más superficiales y por ello atrayentes para el pueblo, que se decían de memoria en plazas y tabernas hacia fin del primer siglo y durante el segundo de esta era?

¿Sabe el lector que a la gente le gustaba oírlos porque cuentan historias de vida y no versan sobre temas profundos?

¿Sabe el lector que estos relatos tuvieron para aquellos tiempos el mismo atractivo que muchos siglos después el canto de los juglares, en el siglo XX el radioteatro y hoy en día las novelas televisivas?

Así son las cosas.

Conviene, llegado este punto, recordar palabras de Jesús:

No todo el que me dice Señor, Señor, entrará en el reino de los cielos, pero sí aquél que hace la voluntad de mi Padre, que está en los cielos. Ya que cuando llegue la hora, muchos me dirán: ¡Señor, Señor! ¿No profetizamos en tu nombre, y en tu nombre expulsamos demonios, y en tu nombre hicimos muchos prodigios? Más yo les responderé: Jamás os conocí; ¡apartaos de mi, obradores de maldad!

Muy obvio es, para la lectura de cualquier iniciado, que lo que el Maestro está anunciando es que solo conocerá a quienes también haya completado su proceso personal de transmutación. A eso se refiere con entrar al reino de los cielos es lo que se consigue aceptando ser transformado. Hacer la voluntad de su padre (su guía como ya hemos dicho) es permitir la guía de quien ya superó el trance.

Es muy importante también, para evitar confusiones, señalar que Jesús está dejando en claro que profetizar, expulsar demonios y hacer muchos prodigios no es signo inequívoco de haber dejado la profanidad. Con hacer esas cosas no alcanza para lograr la plenitud de las esencias humanas que proceden de la armonía del cosmos.

Capítulo XI
Jesús no murió en la cruz

Ahora, dada la abundante bibliografía que existe sobre este tema, es mejor seguir las palabras de Faber Kaiser, un clásico a estas alturas y sobre cuyas teorías muchos investigadores de este tema se apoyan:

Alicemos desde varios ángulos la probabilidad real de que Jesús no haya muerto en la cruz. En primer lugar hay que considerar que Jesús no permaneció muchas horas crucificado. Fue bajado de la cruz en la tarde del mismo día en que le fue dictada y ejecutada la sentencia.

Fue crucificado un viernes. El sábado es el Sabbath judío. Esta circunstancia obligaba a bajar el cuerpo de Jesús antes de la caída de la noche, ya que el día judío empezaba con la entrada de la noche, o sea que el sábado comenzaba a contar a partir de la noche del viernes. Estaba prohibido, según las leyes judías, dejar colgado en la cruz a un ajusticiado durante el día sagrado del Sabbath.

Jesús solo permaneció en la cruz durante algunas horas, siendo que era posible vivir durante varios días sometido a tamaño martirio. El verdadero objeto de la crucifixión no era la muerte inmediata, sino el padecimiento de una horrenda tortura que se prolongaba a lo largo de 3 o 4 días. Conviene tener presente que si a un crucificado se le bajaba de la cruz a tiempo y se le trataba cuidadosamente, generalmente se recobraba y sobrevivía.

Considérese ahora que Jesús fue crucificado junto con dos malhechores. Los tres, por lo tanto, están sufriendo un mismo suplicio, como leemos en Lucas (23,40) que un ladrón le dice al otro:

¿Tú tampoco temes a Dios, tú que te hallas en un mismo suplicio?

Pero resulta que en el momento de bajarlos de la cruz al mismo tiempo que a Jesús, los dos ladrones seguían con vida, por lo cual los soldados romanos les quiebran las piernas para que acaben de morir. Es improbable que Jesús, habiendo sufrido el mismo suplicio, hubiera muerto ya.

Además Pilato, persona que conocía por experiencia lo que tarda una persona en morir en la cruz, se extrañó de que Jesús falleciera tan pronto. Cuando José de Arimatea fue a ver a Pilato y le pidió el cuerpo de Jesús, leemos textualmente en Marco (15,44): "Pilato se extrañó de que hubiera ya muerto."

También es harto conocido el hecho de que cuando el centurión romano, tratando de cerciorarse respecto de la muerte de Jesús, lo hiere con su lanza en un costado, de la herida fluye agua y sangre. Pero de un cuerpo muerto brotan únicamente algunas

El descendimiento, de Simón Martín.
En esta pintura se puede observar el momento
en el que Jesús es descolgado de la cruz.

gotas de sangre espesa. Llegados a este punto nos interesa recordar que el llamado "sudario de Turín" ha quedado recientemente demostrado ser el auténtico lienzo con el que fuera envuelto el cuerpo de Jesús una vez bajado de la cruz, y que de su análisis se desprende que este cuerpo seguía con vida en aquellos momentos.

La salida del sepulcro

Una vez bajado Jesús de la cruz, según vimos con vida, se suceden una serie de acontecimientos que indican que se le intentó curar y que salió también con vida de su sepultura. Recuérdense aquí los sentimientos de simpatía de Pilato hacia Jesús.

Observemos en primer lugar que Jesús fue entregado, no a sus enemigos, sino a quienes eran amigos suyos. Así leemos en el Evangelio de San Juan (19,38-39):

...Después; José de Arimatea que era discípulo de Jesús; pero a escondidas por miedo a los judíos, pidió a Pilato que le dajara llevarse el cuerpo de Jesús, y Pilato se lo concedió. Fueron pues, y se lo llevaron. Fue también Nicodemo, el que anteriormente había ido a encontrarle de noche, llevando una mezcla de mirra y aloe, unas 100 libras.

En principio, como ya hemos puntualizado, la tumba en la que se depositó el cuerpo de Jesús, una vez que este fue descolgado de la cruz, no se rellenó con tierra, dato que es imposible de soslayar, en la medida en que aquello era una costumbre entre los judíos de entonces.

En cambio, el espacioso sepulcro fue tapado con una enorme roca, lo que supone de antemano la intención de poder entrar y salir de la misma.

Curioso es también observar que para salir del sepulcro, Jesús necesitó apartar la roca que tapaba su entrada. Lo cual

*indica que de ahí salió un cuerpo físico humano y no un ente espi-
ritual o divino para el que no hubiera sido necesario desplazar la
roca.*

*Es más, Jesús-hombre precede a sus discípulos en el camino
a Galilea, tal cual se lee en el Evangelio de Marcos.*

Pan y pescado

*Jesús, curado de sus heridas y abandonado el sepulcro, se
pone en marcha para huir de sus enemigos, comenzando así una
nueva etapa de su vida humana. La misma Biblia nos demostrará
cómo la imagen de Jesús vista después de su salida del sepulcro,
es la imagen de un cuerpo humano físico, y no la imagen de un
ente divino o espiritual.*

*Salido del sepulcro, Jesús se encuentra primero con María
Magdalena y su compañera, que abrazan sus pies –señal de que
era un cuerpo físico–, y a las que Jesús encarga que comuniquen a
sus discípulos que se trasladen a Galilea donde se reunirán con él.*

*Luego Jesús será visto por Jaime y por Pablo, como lo leemos
en la primera epístola de este último a los corintios (15, 7-8).*

*Jesús se encuentra esporádicamente con sus amigos, no
osando dejarse ver abiertamente en público por temor a que le
reconozcan y prendan los judíos. Si leemos atentamente el Evangelio de Mateo veremos claramente expresado este temor (28, 8):*

*Se fueron inmediatamente del sepulcro (se refiere a María y
su compañera) con gran temor y gran alegría, y corrieron a
anunciarlo a los discípulos.*

*Es evidente que ambas mujeres pese a la alegría de saber que
Jesús estaba vivo, albergaban el temor de que fuera descubierto.
El mismo Jesús se da cuenta de ello e intenta apaciguarlas (10):*

*Entonces Jesús les dijo: No tengáis miedo; id y decid a mis
hermanos que se vayan a Galilea y allá me verán.*

*Luego, Jesús emprende una caminata a pie de unos 100 kiló-
metros para llegar a Galilea y despistar así a sus posibles perse-
guidores.*

*Pero veamos más pruebas de que Jesús seguía en su cuerpo
humano terrestre, y que no se había espiritualizado. Leemos así
en el Evangelio de Lucas, cuando Jesús se aparece a los apóstoles (24, 37-39):*

*Despavoridos y llenos de temor, pensaron que veían a un
espíritu, y él les dijo: ¿Por qué os asustáis y por qué os vienen al
corazón estos pensamientos? Miradme las manos y los pies que
soy yo mismo; palpadme y mirad, que un espíritu no tiene carne y
huesos como veis que yo tengo.*

*Dos versículos más adelante Jesús de repente muestra tener
hambre. Algo absolutamente inconcebible en un ente divino o en
un ente espiritual. Así lo leemos (41-43):*

*Entonces les dijo: ¿Tenéis aquí algo para comer? Ellos le
dieron un trozo de pescado a la brasa; lo tomó y se lo comió
delante de ellos.*

*Vayamos al Evangelio de Juan. Leemos ahí (20,27) cómo
Tomás palpa las heridas de Jesús. Demuestra así que lo que se les
apareció era un cuerpo tangible de carne y huesos:*

*Después le dijo a Tomás: Acerca el dedo aquí y mira mis
manos, y acerca la mano y ponla en mi costado, y no seas incré-
dulo, sino creyente.*

*Lo que queda claro es que Jesús tenía que desaparecer de
Palestina. Tomó, como hemos visto, los últimos contactos con
sus discípulos, contactos esporádicos para no ser descubierto,
y emprendió la marcha hacia el Este. Era, al fin y al cabo, un*

Apóstol San Pablo, por El Greco. Pablo era un soldado romano
que después de vivir un encuentro con Dios se transforma en apóstol
de Jesús. Para el cristianismo la conversión de los hombres
es el milagro más reconocido.

hombre perseguido. Para no ser descubierto, incluso se disfraza durante los últimos días de su estancia en Palestina, como lo demuestra el texto del Evangelio de Marco (16,12):
*   Después de esto se apareció en una figura distinta a dos de ellos que caminaban e iban hacia el campo.*

Apéndice del capítulo

1- Y la víspera de sábado, que amanece para el primer día de la semana, vino María Magdalena, y la otra María, a ver el sepulcro.

2- Y he aquí, fue hecho un gran terremoto: porque el ángel del Señor, descendiendo del cielo y llegando, había revuelto la piedra, y estaba sentado sobre ella.

3- Y su aspecto era como un relámpago, y su vestido blanco como la nieve.

4- Y de miedo de él los guardas se asombraron, y fueron vueltos como muertos.

5- Y respondiendo el ángel, dijo a las mujeres: No temáis vosotras; porque yo sé que buscáis a Jesús, que fue crucificado.

6- No está aquí; porque ha resucitado, como dijo. Venid, ved el lugar donde fue puesto el Señor.

7- E id presto, decid a sus discípulos que ha resucitado de los muertos: y he aquí va delante de vosotros a Galilea; allí le veréis; he aquí, os lo he dicho.

8- Entonces ellas, saliendo del sepulcro con temor y gran gozo, fueron corriendo a dar las nuevas a sus discípulos. Y mientras iban a dar las nuevas a sus discípulos.

9- He aquí, Jesús les sale al encuentro, diciendo: Salve. Y ellas se llegaron y abrazaron sus pies, y le adoraron.

10- Entonces Jesús les dice: No temáis: id, dad las nuevas a mis hermanos, para que vayan a Galilea, y allí me verán.

11- Y yendo ellas, he aquí unos de la guardia vinieron á la ciudad, y dieron aviso á los príncipes de los sacerdotes de todas las cosas que habían acontecido.

12- Y juntados con los ancianos, y habido consejo, dieron mucho dinero á los soldados.

13- Diciendo: Decid: Sus discípulos vinieron de noche, y le hurtaron, durmiendo nosotros.

14- Y si esto fuere oído del presidente, nosotros le persuadiremos, y os haremos seguros.

15- Y ellos, tomando el dinero, hicieron como estaban instruídos: y este dicho fue divulgado entre los Judíos hasta el día de hoy.

16- Mas los once discípulos se fueron a Galilea, al monte donde Jesús les había ordenado.

17- Y como le vieron, le adoraron: mas algunos dudaban.

18- Y llegando Jesús, les habló, diciendo: Toda potestad me es dada en el cielo y en la tierra.

19- Por tanto, id, y doctrinad a todos los Gentiles, bautizándolos en el nombre del Padre, y del Hijo, y del Espíritu Santo.

20- Enseñándoles que guarden todas las cosas que os he mandado: y he aquí, yo estoy con vosotros todos los días, hasta el fin del mundo. Amén.

Capítulo XII
La orden de Jesús

El Jueves Santo de 2007, durante una homilía en Roma desde la Basílica de San Juan de Letrán, el papa Benedicto XVI, admitió, por primera vez en la historia de la Iglesia Católica que, como lo hemos postulado en muchas de nuestras conferencias, artículos y en este mismo libro, hubo una importante relación entre Jesús y la Orden de los Esenios. Aunque cierto es que tal vínculo recién pudo comenzar a establecerse en el campo de la arqueología, debido al hallazgo en 1947 de los Manuscritos de Qumran, o *Manuscritos del Mar Muerto*, precisamente, en Cisjordania. Hallazgo que, en concordancia con los de Nahagmadi en Egipto, como indicamos en otro capítulo, fueron demasiado "casuales" como para no sospechar que eran asuntos conocidos desde mucho antes y se dieron a la luz en el momento acordado siguiendo los lineamientos decididos por quienes son los grandes titiriteros de la humanidad.

Ratzinger admitió que, probablemente, Jesús celebró la Pascua con sus discípulos de acuerdo con el calendario de la comunidad de Qumran; vale decir, un día antes de la fecha establecida por el ritual judío oficial. Y lo hizo sin cordero, como la comunidad de Qumran, que no sacrificaba animales. En palabras del propio Ratzinger: "En lugar de cordero se ofreció a sí mismo, ofreció su vida".

Esa tarde, el Papa explicó que si bien esta hipótesis no está totalmente aceptada por todos, es la que mejor explica las aparentes contradicciones entre los diferentes Evangelios. Vamos a recordar que en el de Juan, Jesús muere crucificado durante la Pascua judía, cuando se sacrifican los corderos en el Templo de Jerusalén, en tanto que los otros tres evangelistas afirman que durante la noche de Pascuas, Jesús estaba celebrando su Última Cena.

Así, siguiendo Jesús el calendario ritual esenio, celebró las Pascuas un día antes, con lo que el relato de Juan dejaría de entrar en contradicción con los otros tres textos.

Los esenios, una orden inciática conformada por disidentes judíos, adversarios de fariseos y saduceos, autores – entre el siglo II a. J y el siglo I d. J – de los rollos luego ocultados a modo de biblioteca cerrada en las grutas situadas en la zona costera del Mar Muerto, con lo cual dichos materiales se transformaban en los textos bíblicos más antiguos, y en la fuente histórica más cercana al Nuevo Testamento. De hecho, a partir del momento en que los científicos confirmaron la historicidad de los rollos, desarticulando la postura de que habían sido fraguados para edificar un mito sobre Jesús, una parte importante de su historia puede ser reconstruida.

Luego de la explicación del significado de la celebración de la Pascua de Israel, Ratzinger, explica en su homilía:

Esta cena con sus múltiples significados fue celebrada por Jesús con los suyos en la noche antes de su Pasión. Teniendo en cuenta este contexto, podemos comprender la nueva Pascua, que Él nos dio en la Santa Eucaristía. En las narraciones de los evangelistas, se advierte una aparente contradicción entre el Evangelio de Juan, por una parte, y lo que nos dicen Mateo, Marcos y Lucas, por otra. Según Juan, Jesús murió en la cruz precisamente en el momento en el que, en el templo, se inmolaban los corderos de Pascua. Su muerte y sacrificio de los corderos coincidieron. Esto significa que Él murió en la vigilia de Pascua y que, por lo tanto, no pudo celebrar personalmente la cena pascual, al menos esto es lo que parece.

Y agrega más adelante el papa Benedicto XVI, entrando ya en la controversia propiamente dicha entre los Evangelios:

Según los tres evangelistas sinópticos, por el contrario, la Última Cena de Jesús fue una cena pascual, en cuya forma tradicional Él introdujo la novedad del don de su cuerpo y de su sangre. Esta contradicción hasta hace unos años parecía imposible de resolver. La mayoría de los exegetas pensaba que Juan no había querido comunicarnos la verdadera fecha histórica de la muerte de Jesús, sino que había optado por una fecha simbólica para hacer de este modo evidente la verdad más profunda: Jesús es el nuevo y verdadero cordero que derramó su sangre por todos nosotros.

ESENIOS, LOS PROTAGONISTAS PRIVILEGIADOS

El origen de esta orden que habitó en Qumran, ubicada a unos 17 kilómetros al sur de Jericó y al norte de Ain Gidi, a la vera del Mar Muerto, se remonta al 197 al 142 a. J, y su existencia, al menos hasta el siglo I d.C. quedó absolutamente probada, a partir de los Manuscritos del Mar Muerto, y con el reconocimiento del

Vaticano, también, la presencia de Jesús y Juan el Bautista entre ellos.

El mensaje de los esenios llamaba a abandonar las normas usuales de las cosas existentes hasta entonces para sumarse a una comunidad con reglas propias. Se retiraron al desierto entre el 166 y el 159 a. J, tras la revuelta macabea, que habían apoyando, pero que dejaron de hacerlo en disidencia con sus resultados finales. Bajo la conducción de un maestro de justicia, comenzaron a preparar "el camino del Señor".

Dentro de la orden los bienes eran comunes y el trabajo se distribuía en función de las necesidades y la capacidad de cada miembro. Una parte del fruto del trabajo comunitario se reservaba para asistir a huérfanos, pobres, forasteros, viudas, mujeres solteras ancianas, y esclavos fugitivos.

Para ser aceptado se debía pasar por pruebas rigurosas que se extendían por el plazo de dos años, y una vez incorporado, el nuevo miembro debía comprometerse, a través del juramento, a una vida dedicada al estudio de la Ley, tanto como a practicar la humildad y la disciplina. No permitían miembros mujeres.

Vivían como campesinos humildes, y los numerosos estudios que realizaron con plantas y minerales, los llevaron a descubrir aplicaciones en la medicina; por ejemplo, con los efectos curativos de ciertos vegetales.

Conducidos por el maestro de justicia que, por las referencias recogidas en los rollos del Mar Muerto, habría comenzado a liderar la orden en el 150 a. J, los esenios se opusieron a la autoridad del sumo sacerdote Jonatán, hermano de Judas Macabeo, al considerar que el líder religioso había dejado de ser fiel a Dios. Así, marcharon a Kirbert Qumran, y allí desarrollaron una intensa actividad, fundando lo que se conoció como Ciudad de la Sal, en el desierto de Judea.

Si bien se los conoció como la comunidad de Qumran, los esenios estuvieron también en Jerusalén, en el siglo I, y en Egipto, en los alrededores de Alejandría; lo que naturalmente los relaciona de alguna manera con las escuelas esotéricas faraónicas así como con los sabios maestros que transitaban la Biblioteca de Alejandría que tanto conocimiento reservado solo a los iniciados más distinguidos proveía.

Excelentes constructores (más recientemente hubiéramos dicho "verdaderos masones") los esenios diseñaron magníficos depósitos de agua en medio del desierto, y gran cantidad de lavabos que, además de abastecerlos del vital elemento, funcionaban. Creían en el juicio final, la resurrección, la vida eterna, la gloria para los fieles a Dios, y el castigo para quienes no lo eran. También en Satanás, como enemigo de Dios, y en ángeles caídos.

Afirman en sus escritos:

Quienes caminan en el espíritu de la verdad recibirán curación, una larga vida de paz y fecundidad, junto con toda bendición perpetua y alegría eterna en una vida sin fin, una corona de gloria y un manto de majestad en la Luz inextinguible. Por el contrario, los que caminen en el espíritu de las tinieblas verán una multitud de plagas de mano de todos los ángeles de destrucción, condenación eterna por la fuerza vengadora de la ira de Dios, tormento sin fin y desgracia perpetua, junto con la extinción infamante en el fuego de las regiones tenebrosas.

Sobre el origen del nombre de la orden se manejan varias posibilidades. La primera es que deriva del griego *osseos* que significa "santos". Podría también provenir del arameo *hasidei*, "los piadosos", o bien del hebreo, *osei*, que sería algo así como "hacedores", en este caso de la ley.

Desde el punto de vista político, para llamarlo de algún modo, tienen una postura sumamente avanzada para su tiempo: postulaban que los poderes humanos eran siempre opresivos, por lo que abominaban de las guerras; y si se dice de ellos que son la esencia del cristianismo primitivo (el cristianismo fue en gran medida el esenismo triunfante, escribió Joseph Ernest Renan), también podría considerárselos como la base del socialismo primitivo.

Proclamaban:

¿Qué pueblo desea ser oprimido por otro más fuerte que él? ¿Quién desea ser despojado inicuamente de su fortuna? Y sin embargo ¿cuál es el pueblo que no oprime a su vecino? ¿Dónde está el pueblo que no ha despojado a otro de su fortuna?

Olivier Manitara en *Los esenios*, cuenta que la orden estaba perfectamente organizada por jerarquías. Así, estaban quienes residían en las escuelas–monasterios, localizadas en lugares cuidadosamente escogidos, otros que vivían en villas rodeadas de paredes bajas, y por fin quienes habitaban en las ciudades de grandes edificios que pertenecían a la comunidad.

Habían creado, también, un aceitado sistema de información mediante el cual llevaban noticias a todos los centros habitados de cada país.

Gracias a tan perfecta organización, postula Manitara, fue que Jesús pudo alcanzar cada uno de los hechos que se propusiese.

Luego de ser admitidos en la orden, con la categoría de Hermano, se le proveía la ropa blanca de lino, y un bastón que lo acompañarían por el resto de sus días. La indumentaria simbolizaba el poder del bautismo y la pureza del alma. El bastón, en tanto, el conocimiento de las leyes secretas de la vida, tanto como la capacidad para utilizarlas armoniosamente. Era imprescindible tener por lo menos 21 años para poder aspirar a la iniciación.

Los caballeros del Temple.
La orden fue fundada por los esenios nucleados en el Priorato de Sión.
El grupo había huido luego de la destrucción de Qumram.

Se sabe, también, que eran dueños de una avanzada retórica y que podían curar ciertas enfermedades mediante la entonación de sonidos.

Herederos de la Orden de Malquisedec, los Hijos de la Luz, como se denominaban a sí mismos, mantuvieron un fuerte enfrentamiento con los judíos a quienes acusaban que contaminar el santuario, debido a los sacrificios de animales que realizaban. También el calendario utilizado era un punto controversial. Los esenios se regían por el calendario solar mientras que en Jerusalén se valían del lunar, por eso, precisamente, las liturgias no coincidían cronológicamente.

Sin embargo, los esenios dejaron grabados en la historia sucesos impresionantes. Entre ellos, la actitud que tuvieron cuando los romanos arrasaron Qumran. El historiador Flavio Josefo, apenas deja espacio para la imaginación:

La guerra romana ha probado su fuerza de carácter en toda circunstancia: los miembros apaleados, torturados, quemados y sometidos a todos los instrumentos de martirio con el fin de arrancarles alguna blasfemia contra el legislador o para hacerles comer alimentos prohibidos, no ha podido obligarles ni a lo uno ni a lo otro, ni siquiera sus torturadores han podido alardear de haberles hecho derramar una sola lágrima. Sonrientes durante los suplicios y burlándose de sus verdugos, expiraban con alegría como si pronto volvieran a revivir.

Por el brutal ataque a Qumran ocurrió en el año 70 d. C. de la ciudad no quedaron más que escombros. Los pocos esenios que lograron salvar la vida se refugiaron en el seno de comunidades cristianas que los acogieron. Aquellos últimos esenios formarían el Priorato de Sión, formación oculta de la Orden del Temple.

La mirada del historiador

El historiador judío Flavio Josefo (n. 37 d. J, en el seno de una familia sacerdotal de Judea) escribió cuatro libros, todos en griego (*La guerra de los judíos*, *Antigüedades judías*, *Contra Apión* y *Autobiografía*) y es, acaso, una de las mayores fuentes disponibles con que se cuenta para conocer a los grupos religiosos y políticos que dominaban la escena en tiempos de Jesús.

Así, tanto en el primero como en el segundo de los libros, el historiador define a los esenios.

Dice, por ejemplo, en *La guerra de los judíos*:

Entre los judíos había tres sectas filosóficas. Los secuaces de la primera son los fariseos, los de la segunda los padeceos y los de la tercera, que tienen la reputación de mayor santidad, reciben el nombre de esenios. Estos son judíos de nacimiento, y los unen lazos de afecto más fuertes que los de las otras sectas. Rechazan los placeres, estiman la continencia y consideran como una virtud el dominio de las pasiones. Permanecen célibes, y eligen los hijos de los demás, mientras son maleables y está a punto para la enseñanza, los aprecian como si fueran propios y los instruyen en sus costumbres. No niegan la conveniencia del matrimonio ni pretenden acabar la generación humana, pero se guardan de la lujuria femenina, convencidos de que ninguna mujer es fiel a un solo hombre.

En el mismo libro, Flavio Josefo define lo que para el lector actual sería algo así como la postura ideológico-política que sostenía la orden en cuyo seno se formó Jesús. Es interesante observar la enorme cantidad de puntos de contacto que existen con los postulados socialistas, elaborados dieciocho siglos más tarde.

Desprecian las riquezas y su forma de vida en comunidad es extraordinaria. Entre ellos ninguno es más rico que otro, puesto que, de acuerdo con su ley, los que ingresan en la secta deben entregar su propiedad a fin de que sea común a toda la orden, tanto que en ella no existe pobreza ni riqueza, sino que todo está mezclado como patrimonio de hermanos (...) Eligen administradores encargados de sus propiedades comunes, y son tratados con absoluta igualdad en cualquiera de sus necesidades.

Más adelante, el historiador da cuenta del sistema de justicia que regía a los esenios, tanto como del orden social que los regulaba.

Expulsan de su orden a aquellos que incurren en delito grave, y a menudo ocurre que el repudiado muere de modo miserable, porque tanto por sus juramentos como por su condición, no tiene libertad para recibir comida y bebida de otros; se ve obligado a alimentarse de hierbas, con lo cual su cuerpo se va adelgazando hasta que, finalmente, muere...

Sin embargo, Josefo recalca algo que ha mencionado como una de las virtudes fundamentales de la orden: la piedad.

Por esta causa muchas veces se compadecen de ellos y los readmiten cuando están al límite del agotamiento, considerando que sus faltas han sido suficientemente castigadas con estos sufrimientos casi fatales.

Pero antes de la condena, existe, lo que para el lector contemporáneo equivaldría a un tribunal, un juicio justo, y un cierto concepto de unanimidad en las sentencias.

Son muy justos y equitativos en sus juicios, en los que intervienen no menos de cien miembros, pero lo que estos deciden es inapelable. Después de Dios, honran el nombre de su legislador (Moisés), y si alguno habla mal o blasfema contra él, es conde-

nado a muerte. Obedecen de inmediato a los ancianos y a la mayoría, de forma que, si diez están reunidos, ninguno hablará en contra de los deseos de los otros nueve.

Los esenios y su tiempo

Resulta innegable que a partir de 1947, en que cerca de 900 rollos aparecieron en unas cuevas cercanas a las costas del Mar Muerto, y se comprobó la historicidad de dichos manuscritos, los esenios dejaron de ser un grupo casi desconocido, al menos para quienes no son especialistas en historia, para convertirse en la comunidad más importante en tiempos de Jesús. Mucho más, a partir de que el propio Papa admitió la presencia de Jesús en el seno de dicha orden.

Así, comprender el escenario político y social que los rodeó resulta fundamental, tanto como el modo de vida dentro de la colonia. El sacerdote Ariel Álvarez Valdés, en un trabajo que publica la tradicional revista católica argentina "Criterio", señala que en el 152 a. J, Judea estaba gobernada por un joven y ambicioso militar, de nombre Jonatán Macabeo. Eran tiempos en que el país estaba en guerra con Siria, y los recursos económicos se tornaban fundamentales para el sostenimiento de la contienda.

El templo era, por entonces, el único lugar del cual el joven gobernante podía extraer los fondos necesarios. Las ofrendas y diezmos que ofrecían los judíos del país y del extranjero engrosaban las arcas que manejaba, exclusivamente, el sumo sacerdote.

Frente a tamaña disyuntiva, Macabeo decidió expulsar al sumo sacerdote legítimo y asumir él dicho cargo.

Semejante actitud –escribe Álvarez Valdés– provocó gran escándalo entre los judíos, porque desde la época del rey Salomón todo candidato a sumo sacerdote, para ser legítimo, debía pertenecer a la familia Sadoq, requisito que Jonatán no cumplía. ¿Quién era Sadoq? Era un antiguo sacerdote del siglo X a. C. a quien, según la tradición israelita, Dios le había confiado el auténtico culto del templo. De este modo, Jonatán se convirtió en el primer sumo sacerdote no sadiquita de Jerusalén, en ochocientos años.

El sumo sacerdote expulsado –el maestro de justicia que habría de liderar a los esenios– huyó a Siria junto con otros altos dignatarios del Templo, y desde allí, comenzó a hacer contacto con los líderes de otros grupos judíos descontentos para pedirle el reconocimiento de su legítima autoridad.

Tuvo éxito.

Con el apoyo garantizado de numerosos grupos, el maestro de justicia le escribió a Macabeo instándolo a que le devolviera el cargo, a cambio de lo cual sería reconocido y apoyado como gobernante.

Dice Álvarez Valdés que la reacción del joven militar fue inmediata y violenta. Averiguó en qué lugar se refugiaba el clérigo y, aprovechando una fiesta religiosa lo tomó por asalto intentando asesinarlo. No lo logró, y debió conformarse con saquear sus bienes y apoderarse de sus posesiones.

Dos años después de haberse marchado al exilio, el Maestro de Justicia regresó a Palestina, y con apoyo de los grupos judíos que lo respaldaban, fundó algo que bien podría llamarse la "Unión Esenia", haciendo nacer la mayor organización religiosa judía para el tiempos del nacimiento de Jesús.

No sabemos en dónde se instaló el Maestro de Justicia –escribe el autor–. *Quizás en alguna zona desértica y retirada del*

Mapa que permite establecer la ubicación exacta de los asentamientos esenios. Se puede observar también la localización exacta de la colonia Quamram, en donde se estableció la orden luego de la muerte del primer maestro de jusicia.
La colonia se alzó, aproximadamente, en el año 100 a.C., a la vera del Mar Negro en una zona desertica e inhóspita.

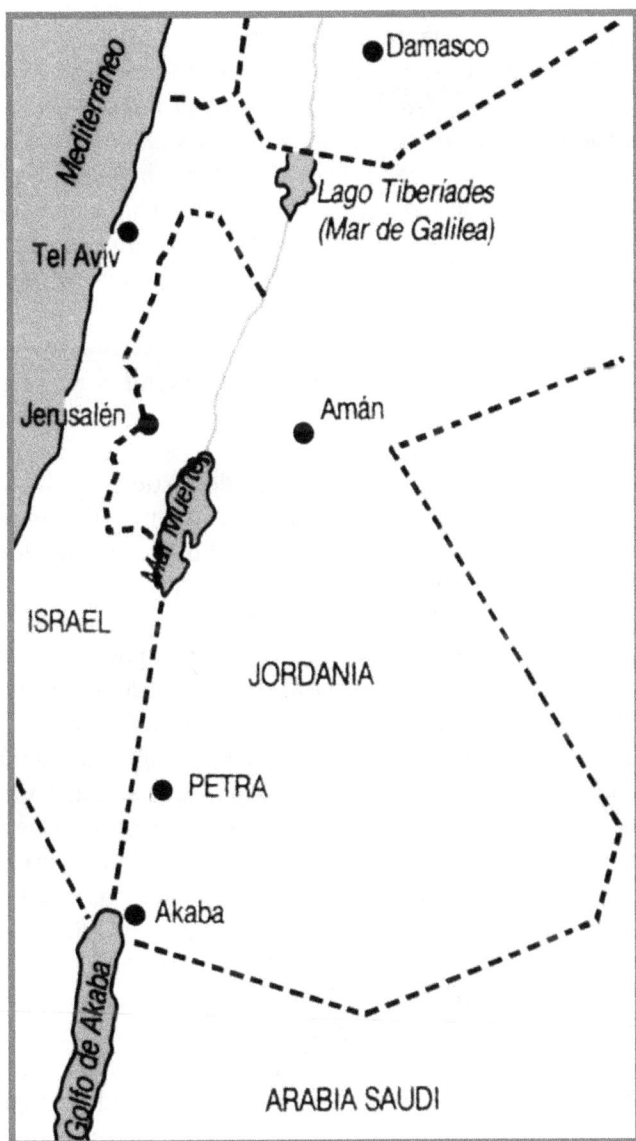

país –pero no ciertamente en Qumrán, porque la colonia de Qumrán aún no existía–. *Y desde allí fue trazando los lineamientos de su nueva organización. Poco a poco numerosos judíos empezaron a incorporarse en la nueva agrupación. No era necesario, para ello, abandonar sus familias ni sus trabajos. Simplemente debían comprometerse, cada uno donde vivía, a cumplir las leyes de la pureza, de alimentación y de vida establecidas por el Maestro de Justicia; y reunirse diariamente en grupos de diez para una comida ritual.*

Jonatán no volvió a molestarlos ni a intervenir, y los esenios, gradualmente, se fueron convirtiendo en el grupo más grande y respetado entre los judíos.

Alrededor del 110 d.C., el maestro de justicia murió, y fue reemplazado por otro sacerdote que no solo tomó su lugar, sino que también decidió que la comunidad se mudase a una localidad situada en las orillas del Mar Muerto. Allí crearon una suerte de editorial religiosa, produciendo gran cantidad de manuscritos que se fueron repartiendo a lo largo y a lo ancho de todo el país. El objetivo era proveer de material de estudio a las diferentes comunidades esenias, esparcidas por localidades distintas.

Apunta Álvarez Valdés que la legendaria colonia de Qumrán se alzó aproximadamente en el año 100 a. J, y que se trataba de un edificio bastante grande para la época, unos 80 metros de lago por 50 de ancho y contaba con varias dependencias, siendo la principal la sala de confección de manuscritos. Existía también un taller en donde se trabajaba y cosía el cuero para las páginas, se dibujaban los renglones, se confeccionaban las tapas y se recortaban los bordes de los rollos. Había además una gran biblioteca que almacenaba cerca de mil volúmenes y documentos en estantes o vasijas de barro.

El edificio contaba también con una sala de lectura y con un archivo en el que se almacenaban ejemplares dañados, o que ya no se usaban. El resto de las dependencias se distribuían entre cocinas, panaderías, establos, una curtiembre para obtener el cuero de los manuscritos, un taller de zapatos, piletas para higienizarse y una gran piscina que era utilizada para los baños rituales. No había baños, por lo que para las necesidades fisiológicas, los miembros debían alejarse a unos doscientos metros del edificio, hacer un pequeño pozo en la tierra con una pala, evacuar en cuclillas, sin quitarse la túnica, y luego tapar el pozo.

Qumrán tampoco contaba con habitaciones para los miembros. Cada uno de ellos debía procurarse una cueva en la que vivir. La dependencia principal del edificio era, lógicamente, la sala de reuniones que podía albergar a cerca de 60 personas. Allí se reunían los miembros tres veces al día para orar. Esto ocurría por la mañana, antes del almuerzo y antes de la cena.

La sala de reuniones era una dependencia sagrada, por lo cual estaba terminantemente prohibido ingresar a ella sin antes purificarse. Para esto se había construido en la entrada una piscina para las ablaciones.

La vida en Qumrán era rutinaria y fuertemente disciplinada. Entre el agobiante calor y el viento salitroso que lastimaba la piel, los miembros de la orden cumplían con meticulosidad cada acción que debían llevar adelante a lo largo del día.

Así la describe Álvarez Valdés:

Por la mañana, los esenios bajaban de sus grutas para la oración colectiva, de cara al sol naciente. Luego venía el trabajo en las distintas ocupaciones; cerámica, agricultura, pastoreo, o la copia de los manuscritos. Al mediodía regresaban a la colonia para el baño ritual y el almuerzo comunitario. El superior bendecía el pan y el vino, y luego comían frugalmente, mientras en silencio escuchaban la lectura de la Biblia. Terminado el almuerzo regresaban a sus tareas, hasta la puesta del sol, en que volvían a reunirse para la oración, el estudio de la Ley, y la cena comunitaria. Entrada la noche, volvían a sus grutas para dormir.

La rutina se repetía sin variantes cada día.

La comunidad del Qumrán estaba regida por un sistema de disciplina muy estricto y con sanciones muy normalizadas, las que básicamente consistían en la exclusión de la comida comunitaria por diferentes periodos de acuerdo con la gravedad de la infracción. Por ejemplo:

–Criticar a un sacerdote: un año.

–Dormirse, cabecear o desperezarse durante la oración: seis meses.

–Escupir en una reunión: un mes.

–Mostrar las partes íntimas por descuido, llevar la ropa rota, o reírse sin razón: también un mes.

–Hablar cuando otro lo está haciendo: diez días.

Pero alejándonos ahora del trabajo de Álvarez Valdés y regresando al escenario político de la época de los esenios en tiempos de Jesús, valdrá la pena consignar, por ejemplo, que existía en Palestina una monarquía herodiana sometida al poder de Roma, hecho que indignaba a la mayoría de los judíos. Política y religión se imbricaban profundamente (de hecho las autoridades políticas y religiosas eran las mismas) por los que los grupos religiosos participaban en forma activa en el terreno político, con excepción, precisamente, de los esenios que entendían a la religión separada de la vida política.

Desde al ángulo estrictamente religioso, convivían, junto a los esenios, los saduceos, que pertenecían a la nobleza tradicional y de allí salían la mayoría de los sacerdotes, y los fariseos, que eran escribas y doctores en la ley, mayoritariamente, y estrictos en cuanto a lo religioso. Con ellos, Jesús confrontó varias veces, y fueron quienes más incidieron para que se llevase adelante la crucifixión. Tuvo, sin embargo, también, puntos de contacto y coincidencia.

En el aspecto político, los saduceos aceptaban el poder romano y colaboraban con él, en tanto que los fariseos confrontaban contra el Estado, apoyando y organizando todo tipo de revueltas. Junto a ellos, un grupo fundamentalista, los sicarios, conformaban el costado más extremo en la lucha contra los ocupantes, y solían valerse de la violencia para ello.

Por fin, con poca influencia en el escenario político–religioso, estaban los helenistas, que eran los judíos nacidos fuera de Judea, en el extranjero. Hablaban y rezaban en griego, y tenían sinagoga propia.

Jesús, como esenio, no comulgaba con ninguna de esas posturas, pese a que sí lo hacían algunos de sus discípulos. Mateo era publicano, por tanto adhería a la postura saducea; Simón era celota, tanto como los fariseos, y Judas Iscariote, sicario.

De muchas maneras, y en buena medida gracias a las enseñanzas esenias, el cristianismo rompió con aquel modelo teocrático imperante.

La ley era la palabra de Dios y el precepto fundamental que debía guiar la vida de los judíos, y era leída diariamente, y en forma extensa y desmenuzada los días sábados.

El templo era el lugar sagrado por excelencia porque representaba la presencia de Dios entre su pueblo. Desde lo religioso, además de la oración, se ofrecían sacrificios a Dios, y todos los judíos donde fuere que vivieren debían acudir al menos una vez al año a rezar.

Construido por Salomón, el templo estaba situado en el monte de Sión, el punto más alto de Jerusalén, y era una plaza rectangular de unos 300 por 500 metros, rodeada de arcos. Funcionaba como Parlamento, lugar de reuniones, banco, centro comercial, etc. Allí, también se recaudaban los diezmos y se repartía dinero entre los pobres.

También allí se reunía en Sanedrín, una suerte de poder en sí mismo, porque cumplía funciones legislativas, judiciales y ejecutivas. Estaba compuesto por 71 miembros y conducido por el sumo sacerdote.

Apéndice del capítulo

Fragmentos escogidos de El Evangelio esenio de paz.

Fragmentos escogidos de El Evangelio esenio de paz.

LIBRO I
CAPÍTULO I

Entonces varios enfermos y mutilados vinieron a Jesús, preguntándole: Si sabes todas las cosas dinos, ¿por qué padecemos con estas plagas? Maestro, sánanos para que también nosotros podamos ser fuertes y no debamos vivir en nuestra miseria. Sabemos que posees el poder de sanar toda clase de enfermedades. Líbranos de Satanás y de todas sus grandes aflicciones.

Y Jesús contestó: Felices vosotros que tenéis hambre de verdad, que yo habré de satisfacer con el pan de la sabiduría. Felices vosotros que tocáis, porque yo os abriré la puerta de la vida.

Felices vosotros que arrojareis el poder de Satanás, porque yo os conduciré al reino de los ángeles de nuestra Madre, donde el poder de Satanás no puede entrar.

¿Quién es nuestra Madre y quiénes sus ángeles? ¿Y dónde está su reino? Le preguntaron atónitos.

Vuestra Madre está en vosotros y vosotros en Ella. Ella os concibió. Ella os da la vida. Fue nuestra Madre, quien os dio vuestro cuerpo y a Ella, algún día se lo devolveréis. Felices vosotros cuando la conozcáis, así como a su reino, si recibís los ángeles de vuestra Madre y si observáis sus leyes. De cierto os digo; el que procede de esta manera jamás verá enfermedad. Porque el poder de vuestra Madre, es superior a todo. Y este poder destruye a Satanás y a su reino. Y tiene dominio sobre vuestros cuerpos y sobre toda cosa viviente.

CAPÍTULO III

Por que en verdad os digo, que innumerables males y peligros acechan a los Hijos de los Hombres.

Belcebú, el príncipe de los demonios, la fuente de todo mal aguarda en interior del cuerpo de los Hijos de los Hombres; él es muerte y señor de toda plaga y luciendo ropajes atractivos tienta y seduce a los Hijos de los Hombres.

Les ofrece riquezas, poder y palacios espléndidos, vestidura de oro y plata, multitud de criados, todo esto y además renombre y gloria. Fornicación y falta de pudor, glotonería y embriaguez, vida disoluta y molicie; y él seduce a cada uno según las inclinaciones de su corazón. Y en el día en que los Hijos de los Hombres lleguen a ser esclavos, de todas estas vanidades y abominaciones, entonces en pago de ello, les arrebata todas las cosas que la Madre Tierra les dio superlativamente, a los Hijos de los Hombres. Le arrebata su aliento, su sangre, sus huesos, su carne, sus entrañas, sus ojos y oídos.

Y la respiración de los Hijos de los Hombres se corta; se asfixian llenos de dolor y hediondez, con el aliento de las bestias inmundas. Y su sangre es espesa y de mal olor como el agua de los pantanos. Se coagula, ennegrece como la noche de la muerte. Y sus huesos se endurecen y se hacen nudosos; se funden interiormente, se quiebran en trozos, como la piedra al caer sobre una roca. Y su sangre se convierte en grasa y líquido, se corrompe, se pudre con erupciones y tumores que son una abominación. Y sus entrañas llegan a estar llenas de abominable suciedad con los residuos que manan de las pudriciones y multitud de gusanos moran allí. Y sus ojos se oscurecen hasta que la negra noche los envuelve. Y sus orejas se cierran como el silencio de la tumba.

Y al fin de todo, el hijo pródigo del hombre perderá su vida. Porque no guardó los preceptos de su Madre y acumuló error sobre error. Por lo tanto, todos los dones de su Madre Tierra le serán quitados; aliento, sangre, huesos, entrañas, ojos y oídos. Y después de todo, hasta la vida, con la que la Madre Tierra agració su cuerpo.

Empero, si el Hijo del Hombre se arrepiente de sus errores, los abandona y se vuelve a la Madre Tierra, y si observa los preceptos de la Madre Tierra y se libra de las garras de Satanás y resiste sus tentaciones, entonces la Madre Tierra recibe de nuevo a su hijo pródigo con amor y le envía sus ángeles a fin de que le sirvan.

De cierto os digo, cuando el Hijo del Hombre resiste a Satanás, que mora en él y no hace su voluntad, a la misma hora los ángeles de la Madre Tierra aparecen ante él a fin de servirle con todo su poder, y liberan totalmente al Hijo del Hombre, del poder de Satanás. Pues ningún hombre puede servir a dos seño-

res, o servís a Belcebú y a sus demonios, o servís a vuestra Madre y a sus ángeles. O servís a la muerte, o servís a la vida.

De cierto os digo, felices vosotros que practicáis las leyes de la vida y no erráis en los caminos de la muerte. Porque en ellos las fuerzas de la vida están fuertemente impresas y huyen las plagas de la muerte.

CAPÍTULO V

¿Cómo podremos leer la Ley de Dios en otro lugar que no sean las escrituras?

Léenoslas donde tú las veas, pues nosotros no conocemos nada mas que las escrituras que hemos heredado de nuestros padres. Enséñanos la ley que pregonas, a fin de que oyéndola, seamos sanados y justificados.

Y Jesús les dice: Vosotros no comprendéis las palabras de la vida porque estáis inmersos en la muerte. Las sombras oscurecen vuestros ojos y la sordera cierra vuestros oídos.

Pues yo os digo, en verdad no habéis ganado nada al escudriñar las escrituras muertas, pues con vuestros hechos negáis al que os ha dado las escrituras. Pues os digo en verdad, Dios y sus leyes no están de acuerdo con vuestros actos. No están en la glotonería y la embriaguez, ni en lo disoluto, ni en la impudicia, ni en la búsqueda de riquezas, ni aún en el odio para con vuestros enemigos. Porque todas esas cosas están muy alejadas del verdadero Dios y de sus ángeles. Todas ellas vienen del reino de las tinieblas y del príncipe de todo mal.

Y todas esas cosas las lleváis en vosotros mismos y por esto las palabras y el poder de Dios no descienden en vosotros. Porque toda clase de males y abominaciones habitan en vuestro cuerpo y vuestro espíritu.

Si queréis que la palabra del Dios viviente penetre en vosotros, no manchéis ni vuestro cuerpo ni vuestro espíritu. Porque el templo que es el cuerpo, es el templo del espíritu y el espíritu es el templo de Dios. Purificad, por lo tanto el templo para que el Señor del templo descienda y habite en un lugar digno de Él.

CAPÍTULO X

Porque vuestro Padre Celestial es Amor. Porque vuestra Madre Tierra es Amor. Porque el Hijo del Hombre es Amor.

Es por el amor que el Padre Celestial, la Madre Tierra y el Hijo del Hombre son uno. Porque el Espíritu del Hijo del Hombre fue creado del Espíritu del Padre Celestial, y su cuerpo, del cuerpo de la Madre Tierra. Sed perfectos como el Espíritu de vuestro Padre Celestial y el cuerpo de vuestra Madre Tierra son perfectos. Y de esa manera amad a vuestro Padre Celestial como Él ama vuestro Espíritu. Y de esa manera amad a la Madre Tierra así como Ella ama a vuestro cuerpo. Y de esa manera amad a vuestros verdaderos hermanos, así como vuestro Padre Celestial y vuestra Madre Tierra los aman.

Y entonces vuestro Padre Celestial os dará su Santo Espíritu y vuestra Madre Tierra os dará su Santo Cuerpo. Y entonces, los Hijos de los Hombres, como verdaderos hermanos, se prodigarán amor uno al otro, el amor que ellos recibieron de su Padre Celestial y de su Madre Tierra. Y serán un consuelo el uno del otro. Y desaparecerá de la Tierra, el mal y la tristeza y habrá amor y gozo sobre la Tierra.

Y la Tierra será como los cielos y el Reino de Dios llegará. Y entonces vendrá el Hijo del Hombre en toda su gloria para heredar el Reino de Dios. Y los Hijos de los Hombres dividirán su herencia divina, el Reino de Dios.

Porque los Hijos de los Hombres viven en el Padre Celestial y en la Madre Tierra, y el Padre Celestial y la Madre Tierra viven en ellos.

Y con el Reino de Dios llegará el fin de los tiempos. Porque el Amor del Padre Celestial da a todos vida sempiterna en su Reino.

Porque el Amor es eterno. El amor es más fuerte que la muerte. Si yo hablase en lenguas humanas y de ángeles y no tuviese amor, vendría a ser como metal que resuena o címbalo que tañe.

Y si tuviese el don de la profecía y entendiese todos sus misterios y toda la ciencia, si tuviese la fe de manera que pudiese atravesar las montañas y no tuviese amor, nada sería.

Y si repartiese toda mi hacienda para dar de comer a los pobres y si entregase mi cuerpo para ser quemado y no tuviese amor, de nada serviría.

El amor es sacrificado, es gentil, el amor no tiene envidia, el amor no hace locuras, no es pretencioso. No es injurioso, no es egoísta, no se irrita, no piensa mal. No se homenajea en las injusticias, mas, se halaga en la verdad. Todo lo sufre, todo lo cree, todo lo espera, todo lo soporta.

La caridad nunca cesa de ser, mas las profecías se han de acabar y cesarán las lenguas y la ciencia sobrará. Porque en parte conocemos la verdad y en parte erramos. Mas cuando venga lo que es perfecto, entonces lo que está en partes, será quitado.

Cuando era niño, hablaba como niño, pensaba como niño y jugaba como niño. Pero cuando fui hecho Hombre deseché las niñerías. Ahora vemos por un espejo, en oscuridad, mas luego veremos cara a cara. Ahora conocemos en parte, mas cuando estemos en la presencia de Dios aún nos conoceremos nosotros mismos, no en parte sino como somos conocidos por Él.

Ahora permanecen estas tres virtudes: la Fe, la Esperanza y el Amor, empero la mayor de ellas es el Amor.

CAPITULO XI

Y ahora os hablo en la lengua viva, del Dios viviente por el Espíritu Santo de nuestro Padre Celestial. Aún no hay uno entre vosotros que pueda entender todo lo que Yo hablo.

El que os explica las escrituras os habla en lengua muerta de hombres muertos, por medio de su cuerpo enfermo y mortal. A él, por lo tanto, le pueden entender todos los hombres, porque todos los hombres están enfermos y están en la muerte. Nadie ve la Luz de la vida. Ciegos que guían a otros ciegos por la senda del pecado, de enfermedad y sufrimientos. Y a la postre todos caen en el hoyo de la muerte.

Soy enviado a vosotros por el Padre, para que Yo pueda hacer que la Luz de Vida del Padre brille ante vosotros. La luz alumbra de por sí en la oscuridad. Mas la oscuridad se conoce solo a sí misma y no conoce la Luz.

Muchas cosas tengo aún que deciros, pero no las podéis soportar aún. Porque vuestros ojos se han acostumbrado ya a la oscuridad y la Luz perfecta del Padre Celestial os cegaría. Por lo tanto, aún no podéis comprender lo que os digo con relación al Padre Celestial que me ha enviado a vos.

En primer lugar seguid los preceptos de la Madre Tierra, de los cuales os he hablado. Y cuando los ángeles hayan limpiado y renovado vuestros cuerpos y fortalecido vuestros ojos, estaréis capacitados para soportar la luz de vuestro Padre Celestial.

Cuando podáis fijar vuestra mirada con firmeza en la brillantez del sol de mediodía entonces podéis mirar la sublime Luz de vuestro Padre Celestial que es mil veces más brillante que miles de soles.

Mas, ¿cómo podrías ver la Luz que ciega, de vuestro Padre Celestial, cuando no podéis soportar aún el brillo del flamante sol?

Creedme, el sol es semejante a la llama de una vela al lado del sol de la verdad del padre Celestial. Tened Fe por lo tanto, y espe-

ranza y Amor. De verdad os digo, no os quedareis sin vuestro galardón. Si creéis en mis palabras, creéis en el que me envió, quien es el Señor de Todo para quien todo es posible. Porque lo que es imposible a los hombres, es posible con Dios.

Si creéis en los ángeles de la Madre Tierra y cumplís sus preceptos, vuestra fe os sustentará y no sufriréis nunca enfermedad.

Tened también esperanza en el amor de nuestro Padre Celestial pues quien en Él confía no será engañado, ni verá jamás la muerte.

Amaos los unos a los otros, porque Dios es Amor y así conocerán sus ángeles que andáis en sus caminos. Y entonces todos los ángeles vendrán a vuestra presencia y os servirán. Y Satanás con todos sus errores, enfermedad y suciedad huirá de vuestro cuerpo. Idos, dejad vuestros errores y arrepentíos. Bautizaos, para que nazcáis de nuevo y no erréis más.

CAPÍTULO XII

Y Jesús se puso de pie. Mientras todos los demás se quedaron sentados, pues sentían el poder de sus palabras.

Y luego surgió la luna de entre las nubes que se partían, y envolvió a Jesús con su brillo. Y su caballera emanaba rayos de fuego y Jesús estaba allí de pie, entre ellos, a la luz de la luna, como si estuviera suspendido en el aire. Y nadie supo cuánto tiempo pasó, porque el tiempo suspendió su marcha.

Entonces Jesús extendió sus manos y les dijo: "La paz sea con vosotros". Y así partió, como el aliento del aire al balancear las hojas verdes de los árboles.

Y por mucho rato la multitud quedó sentada, quieta. Y despertaron en medio del silencio, uno después del otro, como si despertaran de un largo sueño. Pero, nadie se marchaba. Como si las palabras que Él les había dejado, aún sonaran en sus oídos. Y quedaron sentados como si escucharan alguna música maravillosa. Al fin uno de ellos, con respeto, dijo: Cuán bueno es estar aquí. Otro: Que esta noche fuera eterna. Y otros: Que siempre pudiera estar con nosotros.

En verdad, Él es el mensajero de Dios, puesto que sembró la esperanza en nuestros corazones.

Y ninguno deseaba marcharse a su casa diciendo: No voy a mi casa donde todo es tinieblas y no hay gozo. ¿Para qué vamos a casa donde nadie nos ama?

Y hablaban de ese modo, porque casi todos eran pobres, cojos, ciegos, malformados. Eran mendigos, sin hogar, despreciados por su miseria. Eran únicamente soportados en las casas donde hallaban refugio por algunos días, solo por amor y piedad.

Y algunos que sí poseían casas y familias decían: También nosotros nos quedaremos con vosotros. Porque cada hombre sentía que las palabras de Él, que ya se había marchado, los unía con lazos invisibles a la pequeña compañía.

Y todos sintieron su nuevo nacimiento. Vieron ante ellos un mundo lleno de esplendor, aún cuando la luna se escondía tras las nubes.

Y en el corazón de todos renacían flores de admirable belleza, las flores del gozo y de la felicidad. Y cuando los brillantes rayos del sol aparecieron en el horizonte, todos sintieron que era el futuro Sol del Reino de Dios. Y con sus rostros radiantes de gozo se levantaron para encontrar a los ángeles de Dios.

CAPÍTULO XX

Había entre ellos uno, que era el más atormentado de todos por Satanás. Y su cuerpo estaba enflaquecido como un esqueleto y su piel amarilla como una hoja que está por caer. Estaba ya tan débil que no podía, ni aún sobre sus manos, ir gateando hacia Jesús y solo llamaba de lejos: Maestro, Maestro; ten piedad de mí, pues jamás ha sufrido hombre alguno como yo sufro, ni aun desde el principio del mundo. Sé que eres el enviado de Dios y sé que si quieres puedes enderezar mis miembros torcidos y arrojar de mi cuerpo a Satanás. Pues ¿es qué no obedecen los ángeles de Dios al mensajero de Dios? Ven, Maestro y arroja a Satanás de mí, pues rabia iracundo de mí y terrible es su tormento.

Y Jesús le contestó: Por eso os atormenta tanto Satanás, porque habéis ayunado muchos días y no le habéis pagado su tributo. No le alimentáis con todas las abominaciones, las cuales manchan el templo de vuestro cuerpo. Vosotros atormentáis a Satanás con hambre y así en su ira él os atormenta también.

No temáis, pues os digo, que Satanás será aniquilado antes de que vuestro cuerpo sea destruido. Porque mientras vos ayunáis y oráis, los ángeles de Dios protegen vuestro cuerpo, para que Satanás no os destruya. Y la ira de Satanás es impotente contra los Ángeles de Dios.

Entonces vinieron a Jesús y con fuertes gritos le rogaban, diciéndole: Maestro, ten compasión de él, porque sufre más que todos nosotros. Y si no arrojas inmediatamente el demonio que lo posee, tememos que no viva hasta mañana.

Y Jesús le contestó: Grande es vuestra fe, por lo tanto sea hecho según ella. Y vosotros veréis, cara a cara, el espantoso rostro de Satán y el poder del Hijo del Hombre. Porque arrojaré de vosotros al poderosos Satanás, por la fuerza del inocente cordero de Dios, la criatura más débil del Señor.

Porque el Santo Espíritu de Dios da más poder al débil que al fuerte. Y Jesús ordeñó a una borrega que se estaba alimentando entre las yerbas. Y vació la leche sobre la arena calentada por el sol, diciendo:

He aquí, que el poder del Ángel del Agua ha entrado en esta leche. Y ahora el poder del Ángel del Sol penetrará en ella también. Y la leche se calentó con la fuerza del sol. Y ahora, los Ángeles del Agua y del Sol se unirán con el Ángel del Aire. Y he aquí, que el vapor de la leche caliente comenzó a levantarse lentamente por el aire.

Venid y respirad por vuestra boca la fuerza de los Ángeles del Agua, del Sol, y del Aire, para que puedan penetrar en vuestros cuerpos y arrojar a Satanás de vos. Y el hombre enfermo a quien Satanás atormentaba aspiró profundamente el vapor blanquecino que se levantaba.

Luego, Satanás dejará vuestro cuerpo, pues está hambriento desde hace tres días y ya no encuentra qué comer en el interior de vuestro cuerpo. Saldrá de vos para satisfacer su hambre con el vapor de la leche caliente, porque él tiene deseos de este alimento. Él sentirá el olor y será incapaz de resistir el hambre que lo ha atormentado durante los tres días pasados. Mas los hijos de los hombres destruirán su cuerpo, a fin de que no atormente a nadie otra vez.

Entonces el cuerpo del enfermo fue sobrecogido con convulsiones y se contrajo como si fuese a vomitar, pero no podía. Y boqueaba para alcanzar aire, pues su aliento se había cortado y se desmayó en el regazo de Jesús.

Ahora Satanás sale de su cuerpo, vedle. Y Jesús señaló la boca abierta del enfermo. Y entonces todos ellos, con asombro y terror, vieron a Satanás saliendo de la boca del enfermo en la forma de un abominable gusano, yendo directo hacia el vapor de la leche. Luego Jesús tomó en sus manos dos piedras filosas y aplastó la cabeza de Satanás.

Y sacó del enfermo todo el cuerpo del gusano y el cuerpo de Satanás era más largo que la altura de un hombre. Cuando el abominable animal hubo salido de la garganta del enfermo, este recobró de una vez su aliento y entonces cesaron todos sus dolores. Y los otros presentes vieron caer con terror el abominable cuerpo de Satanás.

Mirad, qué horrenda bestia llevabais y nutríais en vuestro cuerpo, por tantos años. Le he sacado de vos y le he matado, para que nunca más pueda atormentaros. Dad gracias a Dios, que sus ángeles os han librado y no pequéis más, para que Satanás no vuelva de nuevo.

Permitid por lo tanto, que vuestro cuerpo sea un templo dedicado a vuestro Dios. Y todos estaban atónitos de sus palabras y de su poder y le dijeron: Maestro, en verdad eres el mensajero de Dios y conoces todos los secretos. Jesús respondió:

Y vosotros sed verdaderos Hijos de Dios, para que participéis de su poder y en el conocimiento de todos los secretos. Porque la Sabiduría y el Poder no vienen sino del Amor de Dios.

Amad por lo tanto a vuestro Padre Celestial y a vuestra Madre Tierra, con todo vuestro corazón y con todo vuestro espíritu. Y servidles, para que sus ángeles os sirvan también.

Que todas vuestras acciones sean sacrificios para Dios y no alimentéis a Satanás, pues el precio del pecado es la muerte. Pero con Dios está la recompensa de los buenos, su Amor, que es como cimiento y poder de Vida Eterna. Y todos ellos se arrodillaron para dar gracias a Dios por su Amor. Y Jesús partió diciendo: Yo vendré otra vez a todos los que perseveran en ayuno y oración hasta el séptimo día. "La paz sea con vosotros".

Y el hombre enfermo a quien Jesús había liberado del demonio, se puso de pie, pues la fuerza de la vida le había regresado. Respiró profundamente y su vista se hizo clara, porque todo su dolor le había abandonado. Y se postró en el suelo donde Jesús había estado previamente. Y besó la huella de los pies de Jesús y lloró.

CAPÍTULO XXII

Les fue dicho en la antigüedad: Honra a tu Padre Celestial y a tu Madre Tierra y obedece sus preceptos, para que tus días se prolonguen sobre la tierra.

Y después fue dado este mandamiento: "No matarás". Pues la vida es dada a todos por Dios y lo que Dios ha dado, que nadie lo quite. En verdad os digo, de una Madre procede todo lo que existe sobre la Tierra. Por lo tanto el que mata, mata a su hermano. Y de él, la Madre Tierra se alejará y arrancará de él sus vivificadores senos. Y será abandonado de sus ángeles y Satanás encontrará morada en su cuerpo. Y la carne de los animales sacrificados, llegará a ser su propia tumba en su cuerpo.

De cierto os digo, el que mata, se mata a sí mismo y el que come carne de animales sacrificados, come el cuerpo de la muerte. Porque cada gota de sangre se transforma en veneno en su sangre; su aliento, en mal olor. Su carne, en gusanos en su sangre; sus huesos, en cal en sus huesos; sus intestinos, en podredumbre. Sus ojos, en escamas; sus orejas, en pus que fluye de ellas.

Y la muerte de los animales sacrificados llegará a ser la muerte del hombre. Porque solo en el servicio de nuestro Padre Celestial son pagadas en siete días las deudas de siete años.

Empero Satanás no perdona nada y tendréis que pagar toda la deuda. Ojo por ojo, diente por diente, mano por mano, pie por pie. Quemadura por quemadura, herida por herida. Vida por vida, muerte por muerte. Porque el precio del error es la muerte.

No matarás, no comeréis la carne de vuestras víctimas inocentes, para que no lleguéis a ser esclavos de Satanás. Porque esa senda es la senda del sufrimiento y conduce a la muerte. Haced la voluntad de Dios, para que sus ángeles puedan serviros en el camino de la vida.

Por lo tanto, obedeced las palabras de Dios. He aquí, os he dado toda hierba que lleva simiente, que está sobre la faz de la tierra; y todo árbol, en el que hay fruto que da simiente; esto os servirá por carne.

Y para toda bestia de la tierra y para toda ave del aire y para toda cosa que se renueva sobre la tierra, donde hay aliento de vida, he dado toda hierba verde en vez de carne.

Y así fue.

Y la leche de toda bestia que se mueve y vive sobre la faz de la tierra será carne para vosotros, así como le he dado a los animales hierba verde, así doy a vosotros su leche. Pero la carne y la sangre que le dan vida, no la comeréis.

Y ciertamente Yo demandaré vuestra sangre en donde está vuestro espíritu y Yo demandaré toda bestia sacrificada, así como demandaré también el espíritu de todo hombre asesinado. Porque Yo el Señor tu Dios, soy un Dios fuerte y celoso, visitaré la iniquidad de los padres sobre los hijos hasta la tercera y cuarta generación de los que me aborrecen.

Y hago misericordia a millares de generaciones de los que me aman y guardan mis mandatos.

Amarás al Señor tu Dios con todo tu corazón, con toda tu alma y con todas tus fuerzas. Este es el primero y más grande de los mandatos. Y el segundo es semejante a este: Amarás a tu prójimo como a ti mismo. No hay mayor mandato que estos.

Capítulo XIII
Maximus

H a de provocar asombro, en quien no está familiarizado con estas cuestiones, el hecho de que acontecimientos sucedidos hace veinte siglos puedan provocar tantos trastornos y disgustos todavía.

Empero, es así.

Se trata de una historia ocultada, falseada, mezquinada muchas veces, corregida y arreglada de acuerdo a la conveniencia de épocas, intereses y enfoques políticos.

Ciertamente, ¿quién habría afirmado durante su vida que Jesús, el Iniciado –Jesús, el hombre entregado por sus padres para que fuera instruido como Maestro de Sabiduría, formado primero en Egipto y luego por la Orden de los Esenios en el desierto próximo al Mar Muerto– podía ser el Mesías? ¡Nada menos que el Hijo de Dios morando entre los mortales terrestres! Y aún en ese caso, ¿de qué Dios? ¿Acaso del Jehová a quien le place ser temido y que sus aterrados fieles sean capaces de quemar vivo al primogénito como se lo ordenó a Abraham? ¿O es ese Dios diferente, misericordioso, contenedor y comprensivo del que hablan los Evangelios? ¿Por qué, tratándose de un Dios único, la Biblia exhibe ante los ojos de cualquier buen lector –que no es menester ser erudito para esto– dos perfiles manifiestamente diferentes para definir a una misma entidad? ¿Acaso una divinidad esquizofrénica, escindida? ¿O, claramente, se trata de dos fuerzas celestiales distintas?

No es una cuestión menor. Debido a que, muy probablemente, del correcto análisis de muchos pasajes del Antiguo Testamento pueda entenderse de manera adecuada ciertos hechos esenciales que después aparecen incluidos en la vida de Jesús.

Jehová es el Dios de los Ejércitos. Pero no es el Dios del Cielo y de la Tierra. En el Génesis se habla de hijos del Cielo que viendo que las hijas de los hombres eran bellas, las tomaron como sus mujeres y de allí surgieron personalidades extraordinarias. Eran hombres longevos hasta el asombro, capaces de mantenerse vivos e inteligentes por más de una centuria, de mente creativa, originales, realmente diferentes, constructores de la historia de la humanidad.

Otras creencias, mitos y leyendas los llaman "semidioses" o "héroes"; pero están refiriéndose a lo mismo. El Populh Vuh hablando de la aparición del hombre en la Tierra afirma: *soy hijo del barro pero también del cielo estrellado.*

Jehová es, entonces, el Dios que transita la Tierra, ordena y manda, establece los designios, no solo del pueblo judío sino de

El Ángel que previene a Isaac del sacrificio, de Rembrandt. Abraham significa "padre-dirigente de muchos", designación con que Dios sustituyó a su nombre anterior, Abram.

tantos otros. Pero hay alguien superior, muy por encima, que parecería tratarse de aquel al cual Jehová obedece: es el Innombrable. Un Dios que tiene nombre pero que no puede decirse, ni escribirse. Al cual solo el supremo sacerdote, una vez al año y encerrado en el Sancta Santorum puede mencionar. Y lo que es más: establece las conexiones para comunicarse directamente con Él.

Todo lo que comenzó en tiempos de Jesús y en una pequeñísima región del Oriente Medio sigue hoy provocando tanto convulsiones como asombro.

Es precisamente por esto que se puede entender el extraño encuentro (entre tantos otros acontecimientos enigmáticos o, al menos, de compleja explicación para cualquiera) ocurrido el Día de la Virgen (8 de diciembre) del año 2000, cuando faltaban solamente veintitrés días y algunas horas para que comenzara efectivamente el siglo XXI.

Estaba frío a la vera del lago –donde se hubo fijado la cita– con el imponente y siempre conmovedor marco de los alpes suizos, los pinos verdes, el cielo infinitamente despejado salvo algunas nubes blancas, filamentosas, en uno de los extremos del horizonte opuesto del que estaba apareciendo el sol. Todo era quietud y silencio, apenas quebrado por el vuelo de silenciosos pájaros que insistían en sus piruetas a ras de las aguas quietas, transparentes.

Maximus –así le gustaba que lo llamaran– se dirigía al encuentro matinal atildado como de costumbre. Sobrio, sí. Pero con distinguida sobriedad, para el siglo XIX tal vez. Para caminar por aquella Londres victoriana que amanecía perturbada con los crímenes del Destripador.

Sin dudas esos eran los tiempos, usos y costumbres que anidaban en el espíritu y la mente de Maximus.

Pero no estaba, en aquellos días, a pocas calles del Tamesis. Esto era el corazón de Europa y el calendario indicaba que estaba por ocurrir algo que no solo la población profana, sino casi todos los grupos iniciáticos, aguardaban con expectativas: la apertura al tercer milenio.

Maximus había desayunado puntual a las 6.45 con otros tres hombres –coincidentes en el poco hablar– que solían entenderse mejor mediante gestos y miradas.

Hubo, además, en ese desayuno realizado en el mismo hotel donde estuvieron hospedados esa noche, una mujer que difícilmente dejaría de ser notoria. Una israelí de actitud desafiante pero a la vez serena, concreta y decidida. Alrededor de un metro setenta de estatura, cabellos largos, lacios, castaños, hasta los hombros. Ojos verdes, piel aceitunada apenas.

Ella fue quien más habló en ese amanecer. Parecía necesitada de persuadir al auditorio de que las ruinas de Quirbet Qumran no lo eran de un monasterio esenio, sino, apenas, de una fábrica de vasijas. Que los Manuscritos del Mar Muerto eran parte de una biblioteca escondida a las apuradas en tiempos de la destrucción del Segundo Templo. Seguidamente la dama desarrolló una serie de conceptos tendientes a fundamentar que Jesús nunca habría estado en aquel lugar durante su juventud.

Los hombres escuchaban muy silenciosamente y con parsimonia bebían tazas de té humeante. Maximus acompañaba los panecillos untándolos con jaleas artesanales, moviendo el cuchillo con su mano izquierda y sin quitar la mirada del rostro de la mujer.

En un momento dado, y siempre con movimientos pausados, dejó todo sobre la mesa, acomodó la espalda en el amplio sillón de cuero, frotó sus manos como quien busca entrar en calor –lo que era innecesario puesto que la temperatura en la sala era más que agradable– para decir:

–Estimo que enseguida habrá Ud. de afirmar que en los rollos hallados en las cuevas no hay referencia alguna al Jesús de los cristianos…

–No es lo que yo traiga para explicarle. A Ud. le consta –se apresuró a enfatizar la mujer– que los manuscritos están, desde un primer momento, en manos de los más prestigiosos eruditos…

–Vea –interrumpió uno de los que estaban absolutamente callados–, como a Ud. le consta, todos los que estamos en esta mesa somos iniciados. Ud. misma, aún siendo mujer, ha recibido la iniciación. Por lo tanto dejémonos de engaños. ¡Los manuscritos están llenos de textos peligrosos si llegan a manos profanas! Provocarán confusión y serán mal entendidos.

El hombre hablaba elevando el tono de voz y de manera enfática. Le costaba expresarse en inglés, denotaba su origen italiano. De todos modos no hubo sobresaltos en el ambiente. Estaban desayunando en una sala pequeña, decorada con *boaserie* finamente trabajada y ventanales abiertos. Aislados de los demás pasajeros podían conversar en reserva.

–Lo que mi querido hermano quiere expresar –terció nuevamente con su legendaria calma Maximus, demasiado legendaria como para sospecharla parte natural de su personalidad, lo que llevaba a deducir que era una típica impostura que, como el jugador de póquer, se esfuerza para que el adversario ignore sus verdaderos pensamientos, las cartas que tiene y las jugadas que hará– es que tenemos certeza absoluta de quién fue Jesús y cuál su misión. Puede Ud. regresar para transmitir esto a su jerarquía. Igualmente explíqueles que no es posible llevar mayor desentendimiento que el ya sembrado en los pasados diecisiete siglos.

Al decir esto su voz varió trasuntando la ironía que la frase llevaba.

–Pero es que esa no es la cuestión sobre la que queremos acordar. Estoy aquí para que veamos qué hacer con lo que va a suceder en estos próximos años. Hay cosas que ya no podrán permanecer ocultas. Desde los Estados Unidos, bien lo sabe su orden, se están disponiendo las cosas para empezar a difundir en grande. Empezarán con un libro, o con artículos en revistas de gran tiraje. O con una serie de televisión.

—Sí, es cierto. El arquetipo del año mil está nuevamente en acto. Y van a aprovecharlo. Lo mismo sucede con el principio femenino. ¡No puede detenerse! De una u otra forma Occidente se modifica... y eso implica repercusiones en Oriente. Aunque, estimo, como siempre sucedió cada vez que se habla pública-mente de esto, la gente termina con mayor confusión que cuando lo ignoraba todo.

El hombre que hablaba era alto, delgado, rubio, ojos celestes, de cabellos cortos. Atlético. Con lentes oscuros hubiera lucido como agente del FBI o de la CIA. En ropa deportiva lo habrían confundido con un experto esquiador. No era ni lo uno ni lo otro. O, tal vez, sí era alguna o ambas cosas. Pero en esa reunión lo que interesaba era su condición de pastor evangélico y médico especia-lizado en psicología junguiana; una psicología creada por un discí-pulo disidente de Sigmund Freud, y después amplificador de las teorías de lo inconsciente. Un suizo llamado Carl Gustav Jung.

Tanto Freud como Jung habían pertenecido a la Orden Masó-nica lo que, por tramas ignoradas aún por sus más pertinaces discípulos, siempre los mantuvo fraternalmente unidos más allá de las anécdotas tantas veces repetidas por unos y otros; apenas anécdotas banales, carentes de sustancia.

—Eso que Ud. llama repercusiones —terció la mujer— es lo que nos tiene ocupados. Habrá problemas en Oriente Medio, habrá conflictos con los países árabes. No nos conviene. No queremos eso. Probablemente algunas regiones del mundo islámico insistan más con férreas disposiciones que pongan a la mujer en lugar de mayor sumisión a lo masculino.

—Sí, es cierto. Eso va a suceder. Y también errará Occidente queriendo inyectar su modo de vida entre los musulmanes. Claro que también les sirve a algunos fundamentalistas —musitó Maxi-mus— para insistir en que es el momento de iniciar la construcción del Tercer Templo. Sin el Tercer Templo erigido el Mesías no puede llegar, afirman algunos, ¿cierto?

—¡Fundamentalistas de ambas partes!

—¡De todos lados! Fundamentalistas hay en todos los grupos —concluyó uno de los que hasta el momento estaba mudo—. Aunque, por supuesto, hay que analizar muy bien si eso que en superficie aparece como fundamentalismo no es en verdad la fachada que oculta otros intereses, torcer el rumbo interno de la humanidad con propósitos oscuros. Hay que recordar siempre el Manuscrito de la Guerra de los Hijos de la Luz contra los Hijos de la Oscuridad recobrado en las cuevas del Qumram.

—Sobre eso, conviene recordar que en el Libro de los Misterios (IQ27, 6-8), uno de los textos recuperados en aquellas cuevas, se lee:

Esto será para vosotros la señal de lo que sucederá: cuando la prole de la perversidad sea encerrada, la maldad desaparecerá ante la rectitud, como las tinieblas ante la luz. Y como el humo se desvanece y ya no existe más, así la maldad se desvanecerá para siempre y la rectitud se mostrará como el Sol, ordenador del mundo. Todos los que retienen los misterios de la rebeldía dejarán de existir, el mundo se henchirá de conocimiento y jamás habrá ya en él insensatez.

—"...misterios de la rebeldía...", noten Uds. qué expresión. Iluminada, ciertamente. Y vaya aclaración de este documento, señalar que hay quienes "retienen" tales conocimientos. Adviertan que, tal como venimos sosteniendo, la llave para todos los cambios es dar a luz lo que desde tiempos inmemoriales permanece en "el misterio."

—Pero mire si se han dicho y difundido tonteras. ¿Quiere una idea más absurda que la resurrección? ¿Reencarnación?, bueno, al menos puede pensarse como posibilidad. Cualquiera está en condiciones de imaginar que, tras el óbito, algo se desprende, algo inmaterial, pero no como esos tontos que pretenden pesar el alma usando una balanza, que en lo futuro consigue incorporarse a otra sustancia. Al menos, en abstracto, es pensable. Pero ¿reencarnación el Día del Juicio Final donde el alma se reincorpora valiéndose de los huesos hechos polvo y de una carne que reaparece donde se hubo extinguido? ¡Que no otra cosa que eso es la resurrección! Una peculiar forma de reencarnación producida en el mismo cuerpo que tuvo en vida el muerto...

–Nosotros, los judíos, que respetamos y observamos la Tradición –terció la joven con suaves modales, voz clara y actitud decidida todo el tiempo– nos oponemos a que los restos mortales sean removidos de donde fueron enterrados, aunque esto haya ocurrido hace siglos o milenios, porque estamos persuadidos de que siempre es posible que algo se desprenda de ellos, algo que tiene chispa divina.

–Es otra cosa. Otra cosa –dijo el hombre seco y cortante–. Lo que me parece tan grosero es la creencia en la resurrección. ¡Fíjese que se habla de la "resurrección de la carne", algo insostenible de acuerdo a los conocimientos científicos de hoy en día!

–Correcto. Ese es el punto. Son ideas concebidas en medio de una gran ignorancia racional, con total desconocimiento científico.

–Desconocimiento para el vulgo, al que siempre fue sencillo engatusar con propuestas a futuro, temores y castigos. Porque todos en esta mesa conocemos muy bien que el conocimiento estaba; oculto, secreto, pero estaba y fue manejado tendenciosamente.

–De nuevo: las fuerzas de la luz contra las de la oscuridad.

–Con solo analizar la supuesta "resurrección" de Jesús se constata que lo ocurrido fue una completa transmutación, a punto tal que hasta modificó su cuerpo físico.

–Y vaya que es así, que cuando se muestra ante sus discípulos más cercanos estos no lo reconocen.

–Eran profanos. No se trataba de Judas Iscariote, José de Arimatea, ni mucho menos de María Magdalena; todos confiables que habían pasado por las ceremonias de iniciación, eran hermanos en el espíritu y conocían los planes de Jesús para fingir su muerte física y desaparecer de la vida pública.

–Carl G. Jung explica muy bien la importancia del "dios oculto." Un dios que camina entre los mortales no puede ser divinizado; es, apenas, un gobernante; en el mejor de los casos un rey...

–También es probable que se hubiera disfrazado para que no lo reconocieran... A fin de cuentas Maestro y todo, mal la habría pasado si volvían a prenderlo.

–Eso de que Jesús se disfrazara, cambiara de ropas, de forma de usar el cabello, rasurarse y todo eso, me recuerda mucho una anécdota del Che Guevara. Lo que les digo es real, no leyenda. El Che se dispone a viajar a Bolivia con identidad cambiada. Para asegurarse de que su nueva imagen es segura decide ir a cenar a su propia casa, donde se encuentran su mujer y sus hijos, diciendo que es otra persona, muy amiga del Che. No lo reconocen. Pero ocurre un suceso que alarma a Guevara. Es cuando uno de sus hijos le dice: "Oh, tú tomas el vino con soda, igual que acostumbra papá". Pero si no fuera por ese hecho, por todo lo demás no lo reconocen.

–Ninguno de nosotros aquí –terció Maximus– piensa que Jesús hubiera muerto en lo físico y después resucitado. Una de las mayores claves se encuentra en la edad que indican los evan-

El llanto sobre la tumba, de Van Der Weyden.
María Magdalena participa en el entierro de Jesús.

gelistas, 33 años, para ese momento. Con solo ese dato está todo dicho. Véanlo de este modo: El templo masónico del R:.E:.A:.A.: se encuentra sostenido por 33 columnas de sólida construcción que, por sus simbolismos y alegorías, representa la perfección del hombre; el modelo del templo espiritual que debemos levantar en nuestro Yo interior; y cada uno de nosotros nos constituimos en cada una de estas columnas. Como digo, cierto tipo de templo masónico está sostenido por 33 columnas. ¿Por qué? Pues debido a que tales 33 columnas representan la iniciación perfecta. La edad simbólica de Jesús al momento de su muerte igualmente simbólica. Podemos afirmar, entonces, que el grado simbólico alcanzado por el Maestro en su evolución es el grado 33.

–¿Sabían Uds. que en Okinawa, en el Japón, aún hoy, existe la creencia de que recién después de 33 años de muerto el alma del difunto deja este mundo espiritual, que sería algo así como un purgatorio, para pasar a integrarse a un plano superior, una esfera de perfección. El concepto es qué se hace uno con la divinidad? Si analizamos la cifra 33 encontramos que está compuesta por 3 y 3; y si multiplicamos 3 por 3, tenemos como resultado 9, la perfección.

–En la masonería existe –señaló la dama sin dejar su dulzura al hablar– lo que se llama el Supremo Consejo Grado 33. Representa el último estadio del conocimiento filosófico: El amor a la Humanidad. Exactamente lo que predicó el rabí Jesús.

–Claro, claro –se apresuró a decir el hombre que pocas veces hablaba–, pero recuerde que esa es una creación reciente de la Masonería. Demasiado moderna. El Primer Consejo Supremo del Grado 33 se constituyó en 1801, en Charleston, Estados Unidos. Y lo notable es que la ciudad de Charleston se encuentra situada justamente en el paralelo 33.

–Si me permiten retomar un tema que dejamos sin concluir –comenzó diciendo uno de quienes acompañaba a Maximus– y que hace a este encuentro de hoy, debemos convenir en que una de las razones, si no la principal, a mi juicio, por la que ha habido tanto secreto en torno a los Manuscritos del Mar Muerto es que en varios de esos documentos (en este momento estoy pensando en el bautizado Rollo de Agradecimiento) se encuentran establecidas, más allá de cualquier duda razonable, las bases de lo que, alrededor de un par de siglos más tarde, se convirtió en las escrituras evangélicas.

La mujer acomodó su pelo usando solo la mano izquierda y como toda respuesta movió afirmativamente la cabeza. Los demás hicieron también gestos en ese sentido. Maximus estiró su brazo hacia el sombrero negro de alas anchas comenzando, a la vez, a levantarse de la silla e iniciar los protocolares saludos de despedida.

Cada quien tenía tarea que hacer y órdenes para cumplir. Quedaba poco para la llegada del nuevo milenio y si algo faltaba, era tiempo.

SARA

Maximus acomodó su cuerpo atlético de casi dos metros de altura, de piel, músculo y hueso, sin un gramo innecesario, en el mullido asiento de la limusina. Tenía alrededor de sesenta años de edad pero, merced a su desarrollado poder mental, conseguía sostener en armonía una existencia muy exigente. Sus más allegados conocían a la perfección su frase preferida: "Siempre estoy empezando, siempre siento y me parece que nada de valía hice aún". Se exigía y pedía lo mismo a sus seguidores.

Maximus era un hombre del siglo XIX viviendo intensamente las postrimerías del XX y el comienzo del tercer milenio. Vestía trajes oscuros, corbata, y encima una capa larga y abrigada de forro rojo, sombrero de ala ancha, blandía un antiguo bastón (que escondía el afilado estoque) y guantes para tiempos fríos como estos.

Algunos, no todos, conocían que bajo el saco portaba siempre un Smith & Wesson, 38, especial, de seis tiros. Un arma que ya no calificaba. Hubo quienes asociaron esta presencia con el hecho de que durante mucho tiempo era aquella el arma reglamentaria de los agentes del Federal Bureau of Intelligence (FBI). ¿Costumbre adquirida en una actividad que ninguno atribuiría a Maximus? Como fuera, la limusina era blindada y tanto el chofer como su acompañante estaban fuertemente armados. El guardaespaldas era a la vez su asistente personal. Conocía a la perfección lo que significaba cada gesto o mirada de Maximus. En veinte años había compartido con él sus gustos privilegiados por la música clásica, los museos y las expediciones, como aquella al Desierto de Gobi donde su jefe estuvo al borde de la muerte después de que lo picara un escorpión mientras movía piedras de una milenaria construcción derrumbada vaya a saber cuánto tiempo antes.

También lo acompañaba en los placeres de la buena vida. Bon vivant y notable gourmet, Maximus, en los escasos momentos de placer que solía prodigarse, requería de esbeltas compañías femeninas que supieran ser solícitas y calladas. Así era su chofer. Una mujer de 1.90 m., piel oscura, atlética, de músculos de pantera, siempre vestida como varón, atenta cual un búho y resbaladiza como anguila. No se le conocían compañías masculinas y Maximus le otorgaba, siempre, la tarea de la elección de una acompañante que a la chofer le resultara atrayente. El hombre confiaba su vida y sus días a aquellas dos personas.

Todo muy raro habida cuenta de que, a los ojos profanos, se trataba de una persona vinculada al mundo de los grandes negocios, de quien se decía que había acumulado una fortuna jugando a los vaivenes de las bolsas emergentes de los países del Tercer Mundo. Empero, una vez más, está claro que no todo es como aparenta.

Mientras el automóvil negro recorría a razonable velocidad –a él no le gustaba viajar a más de ciento veinte kilómetros por hora porque apreciaba concentrar su mirada en el paisaje– la impecable ruta helvética, sus pensamientos volvieron a concentrarse en aquellas dos entidades diferentes de la Biblia: Jehová y el Dios Padre de Cristo.

Estaba convencido de que las Escrituras se referían a dos distintos, no se referían al mismo. Jehová posee ejércitos, juzga más que con crudeza o crueldad, con sadismo. Parece necesitar para su placer o disfrute que las personas tiemblen ante su existencia. Destruye, se enoja, premia y castiga. Es un verdadero amo que obliga a los fieles a convertirse en servidores sumisos, obedientes, impotentes para rebelarse. Jehová quiere esclavos, se sorprendió pensando. Pero no cualquier tipo de sometido; porque como fue dicho "Jehová vomita a los tibios". Jehová quiere realizadores, gente de acción dispuesta a concretar las obras de su plan en la Tierra.

Sus pensamientos regresaron a otro de los temas recurrentes en sus momentos de abstracción: los Hijos del Cielo que tomaron a las hijas de los hombres al encontrarlas agradables a su percepción. ¿A qué se refería el Génesis con esto? Los Hijos del Cielo no podían ser otros que la descendencia de Jehová. Pero ¿se trata de varones entonces? Está claro que no tomaron a las mujeres terrestres de manera simbólica sino sexualmente, por ello engendraron a los "semidioses" o "héroes" que se mencionan en todos los mitos, leyendas y libros sagrados de todas las civilizaciones dispersas por el orbe.

Sí, Jehová es demasiado humano, demasiado pensante, demasiado sujeto a reacciones emocionales. Al Dios del Antiguo Testamento le brota humanidad por donde se lo mire.

En cambio Dios Padre de Cristo es en absoluto diferente. ¡Si hasta es capaz de enviar a su hijo para que sufra toda clase de

torturas, humillaciones y vergüenzas para permitir a la humanidad librarse del mal!

Cada vez que pensaba en esto Maximus se estremecía comprendiendo la vuelta de tuerca completa expuesta en esta situación. Ya no es el creador de conductas sádicas con su pueblo, sino un creador dispuesto a que sufra algo suyo con tal de entregar una llave de liberación para ese pueblo. ¿Cómo se explica tan rotundo cambio?

Por otro lado y recordando aquello de: "Todo es una gran mentira" la frase preferida de Sara a cuyo encuentro se dirigía Maximus, reflexionó sobre si estas enseñanzas de Jesús tenían como finalidad mostrar a Roma como el enemigo o como un protector a quien había que soportar a cambio de ciertas ventajas. Entregar la otra mejilla para que también sea abofeteada ¿era una manera de proponer la revolución o una forma de aceptar el poder del César?

Como fuera, las enseñanzas de Jesús deben ser entendidas en clave iniciática. Por eso las parábolas, por eso los mensajes elípticos que en mucho guardan semejanza con Ouspensky y Gurdieff del siglo XX y de tantos otros maestros antes y después de Él.

Por eso también el Evangelio de Judas celosamente protegido por los gnósticos. Aunque, como señalara la mujer judía, esos cuidados no darían para mucho tiempo más y todo comenzaría a darse a conocimiento público; aunque así y todo, solo unos pocos entenderían las pistas, estarían en condiciones de comprender los códigos, recorrer los senderos adecuados con la perseverancia y el esfuerzo que eso conlleva hasta dar con la verdadera luz.

Adan y Eva, de Durero.
El libro del Génesis relata la historia de la creación
de una manera espiritual. Adán y Eva serán los protagonistas de
una narración que concluirá con el pecado original y la expulsión del Paraíso
que Jesús remedió con su sacrificio.

Sara aguardaba desde hacía algunos minutos caminando displicentemente a orillas del lago, lugar dispuesto para la cita. Sitio ideal. Aislado de ojos y oídos indiscretos. Paisaje abierto, difícil para la planificación de cualquier atentado. Además, de un país confiable.

Sara había llegado en un Volvo que estaba blindado, sacado de la fábrica hacía dos meses. De impecable azul metalizado. No era la limusina de Maximus, quien se empeñaba en utilizar modelos de los años cincuenta, sesenta o setenta. Su chofer seguía en el auto sin apagar el motor. El guardaespaldas había dejado su asiento para moverse a cubierto de los pinos y, discretamente, portaba un arma larga.

Sara, poco más de cuarenta años, con algunos kilos de más que no le quitaban belleza, cabellos largos oscuros y piel muy blanca, tenía reconocida fama de poseer una inteligencia fuera de lo común. Algunos conocían su pertenencia a una de las órdenes más antiguas de Jerusalén creadas para asegurar el regreso de Jesucristo a la Tierra.

–Por más esfuerzos que el Vaticano haga, las verdades históricas, o por lo menos las mejores aproximaciones a lo que realmente ocurrió, van a tomar estado público. Como tú sabes, la Iglesia ya no tiene el poder necesario para acallar a quienes van comprendiendo cómo son las cosas. Toda la vida de Jesús explicada a través de los Evangelios es como esos cuentos que nos leían cuando chicos. De un lado los buenos, del otro los malos. Y por eso los eligió Constantino, desprendiéndolos de los demás, a los que llamaron Apócrifos, aprovechando la popularidad que tenían entre la población. Tú sabes que la gente entonces era iletrada, los Evangelios eran relatados en voz alta y quienes se reunían para escucharlos los vivían como si fuera, hoy, una telenovela. Pero todo eso es pasado. La manipulación de que fueron objeto estos documentos es innegable. ¿Qué persona culta no sabe hoy que ninguno de los cuatro evangelistas fue el autor de las páginas que se les atribuyen?

Maximus había recorrido en muchas ocasiones todos aquellos sitios por donde los escritos atribuidos a Mateo, Lucas, Juan y Marcos refieren que caminó Jesús.

Así conocía la casa de Pedro, exhumada por los arqueólogos y hoy cubierta por una enorme semiesfera de plexiglas a través de la cual los turistas y peregrinos observan la enorme residencia. Sí, porque la casa de Pedro –aquella sobre la cual Jesús habría de edificar su Iglesia– no era la de un pobre pescador dueño apenas de un botecito y unas redes. De ninguna manera.

Pedro, casado con la joven que resultó heredera de una verdadera empresa naviera que recorría el lago Tiberíades (un mar cerrado) y cuyos bienes, de acuerdo a la ley de entonces, terminó administrando él, tenía su residencia en uno de los lugares más privilegiados de la ciudad: a la vera del lago y al lado de la sinagoga.

La residencia era tan importante que hasta contaba con pieza de huéspedes en suite: un baño, incluyendo una amplia bañera y aguas corrientes. En ese cuarto de huéspedes descansó Jesús muchas noches y en aquella tina depositó su cuerpo para mitigar fatigas.

Los seguidores de Jesús no eran pobres ni ignorantes. Contaban con servidores que atendían sus hogares y a sus familias; con empleados que se ocupaban de sus negocios. Por eso les resultó simple responder al pedido de Jesús, "deja tu casa, tu familia, tus cosas y sígueme".

–Seguro que te encuentras debidamente informado de que hace relativamente poco tiempo se produjo, sobre el cielo de Belén, una formación astronómica similar a aquella del tiempo del

Nacimiento. Ni los servicios de inteligencia, ni las urdimbres de las sociedades secretas han podido, hasta ahora, determinar si fue una mera coincidencia o es que ha nacido el Anticristo o Él nuevamente está en la Tierra.

–¿Coincidencia? ¿Dices "mera coincidencia"? ¡Estás hablando conmigo –dijo Maximus sin cambiar su tono de voz que en cualquier otro se habría alterado– y ambos sabemos que no estamos aquí para poner paños fríos presentando posibilidades en las que ninguno abreva! "Casualidad es el rótulo que damos a aquellas cosas cuyas causas ignoramos", dijo el hermano Leibniz hace siglos. Nosotros tenemos la certeza de que no hay casualidades. "Lo que es arriba es como lo que es abajo", enseñó el maestro Toth, de manera que si hubo tal configuración sobre el cielo de Belén algo, necesariamente importante, tuvo que suceder al unísono en ese lugar.

–Extraño que –dijo casi lacónicamente Sara– utilices el nombre de Toth y no el de Hermes Trimegisto que es lo habitual hoy en día…

–Los griegos robaron toda la sabiduría esotérica e iniciática a los egipcios. Los romanos hicieron lo mismo. Mercurio… Hermes… Nombres para referirse al poderoso Toth –hizo aquí una pausa, desviando los ojos hacia su guardaespaldas que miraba fijamente a la otra orilla del lago–. Lo mío son las Escrituras, allí se encuentran todas las claves para la armonía en plenitud. La búsqueda hay que realizarla en Medio Oriente. Se equivocan los que lo hacen en los extremos. Todo muy lindo y revelador, sí. Es acercarse. No es llegar –volvió a observar los movimientos del guardaespaldas y efectuó un casi imperceptible movimiento con su antebrazo derecho golpeando la capa; ningún otro de haber estado presente lo habría notado, pero Sara sí, porque sabía que cuando Maximus entreveía el peligro necesitaba dar ese breve, mínimo y seco golpe constatando que su arma estaba donde debía encontrarse; recién entonces siguió hablando–. Desayunamos con esa mujer que debe ser del Mosad o de la Autoridad de Antigüedades de Israel o alguna cosa de esas; es una iniciada, tampoco de lo dudo, y entonces merece todo nuestro respeto. Quiere que convenza a la Hermandad que Jesús no tuvo relación con la comunidad esenia y que, ¡nada menos!, nunca estuvo en Quirbet Qumram. El primer cuarto de siglo del tercer milenio que se aproxima va a ser fatal irremediablemente para las creencias judeocristianas. Ya no hay manera de evitar lo que se estuvo frenando por mil setecientos años. ¿Advertirás que los Estados Unidos, aliado con los más conspicuos representantes de la Vieja Europa, empiezan a sentar las bases políticas y militares para las Nuevas Cruzadas?

–Fuerte golpe han dado al Vaticano al no poner en la Constitución de la Comunidad Económica Europea ni la más mínima mención al cristianismo y eso que el Papa lo pidió una y otra vez muy especialmente. Es todo un indicativo de hacia donde van las cosas.

–Algo encontrarán para explicarle a la población profana, de a poco, lo que permaneció tanto tiempo oculto. Con distintos niveles de imbecilidad. Es como las capas de una cebolla; se saca, se saca y siempre quedan más. Muy pocos consiguen contemplar el núcleo fresco, vital, jugoso. A unos les vendrá bien la explicación por la democracia, a otros por el petróleo, a quienes por los valores de Occidente, a tales contra las izquierdas. Todos creerán que entienden por qué ocurre lo que ocurre. ¿Cuántos profanos podrán entender que es una guerra de fuerzas esotéricas?

–¡Creerán! Has dicho muy bien. La gente cree. Y confunde lo que cree con lo perceptible, y lo perceptible con lo real. ¿Quiénes se darán cuenta de que Jesús solo fue uno, aunque muy especial, en un plan surgido en las escuelas de sabiduría originarias, aquellas de la Noche de los Tiempos?

–Los profanos nunca comprenderán los símbolos ocultos en las Escrituras. Pensándolo correctamente, ni siquiera sé porque les digo esto ahora. En verdad todos quienes estábamos en esta sala conocemos desde antaño que los Libros Sagrados son, precisamente, para preservar la memoria en clave, de manera que su comprensión sea vedada a quien no ha hecho el recorrido pertinente.

–Lo mismo sucede con la Gran Pirámide; donde igualmente fue iniciado Jesús como no podía ser de otra manera. ¡Miren qué atrevimiento el de los egiptólogos científicos, los de la conserva cultural, confundir la tina de iniciación con un sarcófago para poner cadáveres, momias! ¿De qué otra manera pueden rotular estos "padres de la razón", que no pueden permitirse aceptar que el razonamiento cuando no está iluminado por la espiritualidad, necesariamente, en lugar de ganar altura comienza a hundirse en cenagosos pantanos de tinieblas y oscuridad…

–¡Compárese el desarrollo armónico y prudente de los maestros alquimistas con el "progreso" científico que lleva a Hiroshima y Nagasaki! Por eso el "orden establecido" (y en eso hay tantos científicos racionalistas positivistas como religiosos con un interés superlativo en sus beneficios materiales) se ocupa de construir una historia mezquina, tergiversada, falsa; conscientemente mentirosa y que engaña a conciencia. No hay error, ingenuidad, ni inocencia en esto.

–De allí que les resulte imposible clasificar para qué fueron construidas las tres grandes pirámides egipcias. Y cómo está lleno de piezas que no encajan en el rompecabezas que se inventaron –por que tendrían que aceptar que se trató de civilizaciones mucho más desarrolladas que la nuestra actual pero desde otros principios, modelos y esencias– entonces tienen que ocultar. Recuerdo

George Bush. Primer mandatario de una de las potencias del mundo que no solo interviene en conflictos de tipo religiosos sino que también participa activamente en saqueos a museos del Oriente Medio.

cuando llevé a mis hijos a ver la película de Indiana Jones donde consigue rescatar el Arca de la Alianza... y termina con una imagen donde es ocultada para siempre en un enorme hangar lleno de otros hallazgos incómodos vedados a la humanidad...

—Es interesante advertir cómo Hollywood transmite lo que de otro modo está prohibido decir. Incluyendo ese interés desmedido de los jerarcas nazis por localizar las herramientas necesarias para el adecuado uso de la Tradición Hermética.

—George Bush no es ajeno a eso. Cómo no lo fue su padre. ¿Recuerdan esos peculiares robos y pillajes realizados en los principales museos de Bagdad en coincidencia con el arribo de los militares norteamericanos para derrocar a Sadham Hussein? No he visto en los medios demasiados comentarios al respecto. Pero entre nosotros, los miembros de la orden, nos quedó muy claro que respondían a instrucciones de apoderarse de ciertas piezas milenarias de poder y hacerlas desaparecer figurándolas como robos. ¿Acaso los que pretenden ser poderosos de la Tierra no han buscado siempre los mismos elementos de poder, fracasando una y otra vez, puesto que no tienen la preparación iniciática para hallarlos?

—Me resulta tan tonto pensar en que un humano, aún uno de nosotros, pueda salir en busca de tales hallazgos; hay que comprender que el poder lo encuentra a uno y cuando te encuentra es menester dejarse llevar enfrentándose a muy peligrosos horizontes. Quienes permiten que la vida fluya en su personalidad, sin apresurarse, sin lentificar, sin querer controlar las fuerzas universales, esos logran el objetivo. No es para timoratos...

—El Antiguo Testamento refiere que Jehová vomita a los tibios... Un importante concepto sobre las preferencias del que no puede ser nombrado; sobre todo proviniendo del Antiguo Testamento, tan diferente al Dios pregonado por los Evangelios. Es interesante que ese Jehová cruel, que pide ser temido y capaz de atormentar a sus fieles y destruir de manera implacable a sus enemigos, exprese que vomitará a los tibios. Lo que, por inferencia lógica, permite entender que a buenos y malos no vomitará. Solo a los tibios. ¿Y qué son los tibios sino la gran mayoría de la humanidad? Los que no toman decisiones, los que vacilan, los de mentalidad gris, los cobardes, los temerosos, aquellos que tras su muerte ninguna huella humana quedará de su paso. ¡Y qué imagen la de vomitar! ¿Qué hombre ignora las sensaciones previas, durante y posteriores al vómito? El malestar previo, lo nauseabundo... Ese aflojamiento psicofísico durante el acto de vomitar... Y el alivio inmediato tras haber vomitado. Jehová utiliza una imagen muy clara sobre lo que provocan los tibios. Es decir, los eternamente indecisos, quienes no arriesgan, los que no dejan huella humana...

EL CAIRO

Supe que Maximus habló de mí. Fue en 2002 en la reunión del Equinoccio de Otoño en París. "¿Sabe Ud. dónde está Las Heras ahora?, habría preguntado.

Le explicaron que planificaba un nuevo viaje a la Isla de Pascua lo que, al parecer, le interesó especialmente.

Aquel peculiar hermano del espíritu hubo tomado conocimiento, en su época, sobre mi primer viaje, realizado en 1991, a la isla más alejada de todos los continentes, puntas apenas, sobre las aguas del Pacífico de los volcanes Ranu Raraku y Ranu Kao, con la finalidad de someterme a varias iniciaciones, cumpliendo los rituales tal como se realizaban antes del arribo de los primeros europeos.

Maximus interrogó entonces sobre las características de mi acompañante de ese momento, una mujer de acentuados rasgos aborígenes, con antepasados incaicos y dedicada al campo esotérico.

Con esa "clarividencia" no parapsicológica sino lógica, producto de una mente siempre dispuesta a cruzar multiplicidad de datos, Maximus, según me enteré mucho después, esbozó la idea de que dicha mujer era necesaria en mi vida por sobre todo porque sin su presencia a mi lado mi primera peregrinación a Tierra Santa jamás habría tenido lugar.

"Va a traerle disgustos y en ese periodo tendrá que sufrir mucho", me dicen que dijo Maximus en voz apenas audible, pero lo suficientemente clara como para que quienes estaban a su lado, y me conocían, lo escucharan. Igual, todos se cuidaron de que yo no supiera esto hasta renovado mi camino de Luz.

Finalmente tuve mi encuentro con Maximus. Fue en el invierno de 2004, en el Hotel Hilton de El Cairo. Recibí su invitación directamente en el aeropuerto, apenas después de pasar migraciones y mientras buscaba el cartel con mi nombre del chofer que me llevaría. Una dama de puros rasgos árabes y con los atavíos clásicos, sonrió y extendió su brazo derecho para entregarme un sobre. Dentro, una invitación manuscrita de propia letra de Maximus ofreciéndome tener nuestra primera conversación, solos, cara a cara y con todo el tiempo necesario.

Dejé mi equipaje en la habitación que el convento me había designado y ya, mientras me duchaba, comencé a preparar la mente para un encuentro siempre esperado que, por otro lado y de ante mano, sabía que estaría en todo momento dirigido por mi interlocutor.

Refrescado y con ropa cómoda –el invierno en El Cairo no es demasiado riguroso– salí para llegar de a pie al Hilton a la hora solicitada.

Al no verlo en la confitería –nunca había yo estado con aquel hombre, pero tenía la certeza de que lo conocía más que muchos otros que sí lo trataban– fui a la conserjería y pregunté.

Unos minutos después estaba yo haciéndole compañía en su más que amplia suite. Fue una gran emoción y un abrazo pleno y fraterno. Pude advertir la satisfacción de Maximus por que estuviera allí.

–Hay mucho de que hablar, mucho que decirnos –aseguró.

Tras cartón me preguntó si había visto antes una Glock. No, por supuesto.

Me mostró y comenzó a enseñarme sin siquiera interesarse por si el tema me atraía o no. (En otro momento yo comprendería que Maximus tenía muy claras las ideas sobre qué cosas llamaban mi atención y cuáles no).

–La combinación de tres seguros automáticos y un sistema de doble acción constante hacen que esta sea la pistola más segura del mundo –me comentaba, mientras me entregaba el arma para que jugara con ella sin cuidados.

Siguió sin esperar a que yo lo mirara siquiera:

–Esta es una Glock 17; tiene menos de la mitad de las piezas que otras pistolas. La que Ud. sostiene tiene solo 33 piezas, dos pasadores y ni un solo tornillo. Ud. comprende: cuantas menos piezas, menos problemas. Además las piezas son todas intercambiables y puede desmontar el arma para limpiarla sin usar ninguna herramienta. Una maravilla, ¿no es cierto?

Lo cierto es que para nada entendía la dedicación de Maximus en convertirme en experto en pistolas Glock. El tema llamaba mi atención pero no era algo que me produjera deslumbramientos. Sabía que un arma así puede cargar más de una docena de balas y estaba por preguntar cuánta munición hay en cada cargador, cuando comprendí –fue algo así como cuando en lo más oscuro de la noche, mientras uno está convencido de que conoce todo cuanto hay afuera, más allá de la ventana desde donde se mira, repentinamente un rayo cruza el cielo esparciendo luz sobre el campo, y entonces se advierte cosas antes ignoradas y sorprendentes que modifican en absoluto los criterios que hasta ese instante se tenían– que Maximus estaba dirigiéndose a mí en clave simbólica; estaba comprobando si en efecto era yo Antonio

Las Heras y no otra persona por muy parecida que fuere; si mi mente se encontraba lúcida para cruzar datos y tener en cuenta todo lo aprendido en décadas de vida esotérica e iniciática.

Entonces me lancé a hablar:

–Así que ahora usa Glock. Estaba convencido de que lo suyo era Smith & Wesson, 38, especial, seis tiros.

–Sigo teniéndola y no la desprecio. No puede compararse.

Sus últimas palabras fueron apagándose para permitir que yo completara la frase o agregara aquello que él esperaba.

–Puede compararse. Y si me permite voy a proceder a ello.

–Lo escucharé atento y gustoso –dijo mientras se apoltronaba en un amplio sofá y yo advertía que ponía el cargador completo en la pistola dejándola lista para disparar.

–38, 6 tiros. Tengo que separar el 3 y el 8. Tres, el imperio de lo trascendente y 8, producto de dos veces 4. Cuatro, el universo material intensificado, por eso cuatro más cuatro. La ecuación hasta allí sigue desequilibrada, por esto tengo que atender a la cantidad de tiros: 6, dos veces tres. O tres más tres. El universo espiritual intensificado. ¡La fórmula completa!

–¿Y entonces por qué tengo esta pistola?

–Si recuerdo bien Ud. afirmó: "33 piezas, dos pasadores y ni un solo tornillo. Cuantas menos piezas, menos problemas… las piezas son todas intercambiables y se puede desmontar el arma para limpiarla sin usar alguna herramienta".

–Eso dije. Muy buen control mental el suyo Las Heras. No está Ud. ahora en un momento común de su vida y, sin embargo, mantiene la calma, atiende el proceso, sigue…

–Con aplomo –lo interrumpí y continué– 33 piezas, la edad de Cristo, la cifra acabada de la obra alquímica una vez completa. Dos pasadores que simbolizan las dos columnas a las puertas del Templo del Rey Salomón; el Templo Transmutador por excelencia. Menos piezas, menos problemas. O lo que es lo mismo, alejarnos de miradas profanas, de personas innecesarias, quitar todo lo superfluo, trabajar solo las esencias. Todas las piezas son intercambiables significa que en la orden, cualquiera de sus miembros se encuentra capacitado en potencia para intercambiar el sitio con otro. El trabajo de limpieza se puede hacer sin necesidad de apelar a algo externo al artefacto mismo ya que esto implicaría solicitar ayuda a un profano. ¿Se encuentra conforme?

–Mucho. En verdad mucho –y mientras decía esto comenzaba a guardar, siempre con esos gestos ampulosos y señoriales que le eran tan habituales, la Glock en la cartuchera, debajo del saco blanco con ciertos destellos amarillo pálidos, gratamente arrugado de lino egipcio–. Tuve elogiosos comentarios sobre su persona que confirmo escuchándolo ahora. Llegó el momento de bajar al bar, tomar lo que nos apetezca, y comenzar a conversar. Tengo mucho de qué hablarle.

–Sí, pero ¿todo lo que me contó sobre esa pistola es cierto?

–Absolutamente.

–Pero entonces… ¡está construida a propósito con esas características! ¿Son claves ocultas?

–Las Heras… quién mejor que Ud. para saber que hay cosas que no se preguntan. Lo que le reitero es que la información que le brindé sobre el arma es verdadera, puede consultar al fabricante si desea. Y bajemos al bar.

Hay una frase de un autor argentino, Marcos Aguinis, que la escribe en aquel libro inicial con que ganó el Premio Planeta cuando solo se otorgaba en España, *La cruz invertida* se llama el libro, que puede utilizarse para entender qué símbolo oculta la cruz. Y es esta: "Esa cruz era, en realidad, una espada sostenida por el extremo de su hoja.".

Porque la espada simboliza el poder y la fuerza, es el arma por excelencia reservada al guerrero de la Luz y por extensión a cualquier defensor de las fuerzas de la Luz. No son dos maderos dispuestos de cualquier manera donde cuelgan a Jesús. Es una espada invertida. Y ese es su real valor simbólico. Algo que ni la

mayoría de los clérigos han imaginado en toda su vida. Está reservado a quienes trabajan el simbolismo con mucha profundidad.

Siempre, desde la mirada simbólica, la espada es el poder capaz de quitar la vida, pero también de proveer la energía regeneradora, aquella que disuelve la ignorancia para establecer el bienestar y la Justicia.

La espada está asociada al imperio de lo espiritual y a la etapa final del proceso de purificación. Es por esto que Jesús y quienes le acompañan en su entramado iniciático –quienes tienen conocimiento del plan urdido por el Maestro para completar su transmutación– hacen todo cuanto les resulta posible para que necesariamente se lleve a cabo la crucifixión. Jesús mismo, de brazos extendidos y piernas unidas, con la cabeza hacia el cielo y los pies apuntando el suelo, es la personificación de la espada. Él mismo es la espada.

La espada ha de tener doble filo pues de esa manera expresa la dualidad que, habiéndose originado en una única esencia, el principio, condiciona el mundo manifestado invitándolo a la unidad en la diversidad, concepto evidente en las dos serpientes enroscadas en torno al báculo o caduceo con que se muestra Hermes o Mercurio.

Ese doble filo no es resultado de la acción de la dualidad en sí misma, que sería desarmonizante, sino que son "manifestaciones" del principio.

Veamos.

El eje es el lugar donde las oposiciones se resuelven y concilian en el equilibrio perfecto. Su carácter esencial es la inmutabilidad; en torno de sí se efectúa la revolución de todas las cosas y de la cual la esencia o principio no participa. Este símbolo de dualidad a través de la espada de doble filo no es ajeno a la Biblia.

Relicario de Vera Cruz. Otro tipo de cruz, pero la misma simbología oculta en ella.

Todo lo contrario. La espada aparece como símbolo del verbo o de la palabra de Dios, con su doble poder creador y destructor:

...y de su boca salía una espada aguda de dos filos. Y su rostro era como el sol cuando resplandece su fuerza. (Apocalipsis 1, 16)

No hay duda de que la espada simboliza igualmente al rayo que cruza los cielos alumbrando brevemente –para que solo puedan ver quienes se hallan preparados– y estremece con su efecto que es el trueno.

Innumerables rituales iniciáticos requieren del uso de la llamada "espada flamígera". La espada se asocia al rayo solar y al relámpago, o cómo derivada de este último, lo que se representa de modo sensible en la hoja ondulante de la espada flamígera. Esta espada se relaciona con el fuego y es símbolo del poder espiritual trascendente.

En la confitería del hotel, amplia y decorada al estilo típico egipcio, ya había una mesa dispuesta. Para tres. Conociendo la forma de comportarse de Maximus miré alrededor porque fuese quien fuere el otro invitado ya tenía que estar esperando.

En la barra, sentada sobre un taburete, había alguien sola y de espaldas. Si alguna duda hubiera albergado yo sobre de quién se trataba, alcanzó con ver el vaso grande de jugos de fruta que aguardaba a su lado para disiparla. El cabello largo, lacio, renegrido, cayendo sobre los hombros y la figura esbelta, estilizada, algo andrógina, todo en sus apenas superados treinta años de edad. Era K.

Oyó nuestras voces y con esa seguridad en los movimientos, capaz de sostenerlos aún en momentos de extrema gravedad, se levantó, sonriente, con el vaso en su mano derecha y caminó hacia nosotros saludando con un gesto breve lleno de belleza.

Conozco a K desde hace, al menos, una década. Fue iniciada en la Orden de los Guardianes de la Puerta Dorada de los Muros de

Jerusalén, fue discípula privilegiada y protegida durante cierto tiempo por la máxima jerarquía de la orden; tenía una mente privilegiada, educada para cruzar gran cantidad de datos en segundos y una peculiar combinación de sádica crueldad con seducción infinita.

Demasiadas cosas habíamos vivido juntos K y yo como para siquiera suponer que nuestras entrelazadas existencias no habrían de encontrase una y otra vez. Además de tan profunda unión a perpetuidad, K había sido instruida por aquella persona sobre la cual suelo decir que "es quien más me ha hecho sufrir pero por quien yo daría hasta la última gota de mi sangre".

Para entender lo que digo es inevitable haber vivido el campo iniciático en su mayor despliegue y esplendor. Maximus era consciente de todo esto.

–Invité a K a este encuentro. Ud., sabe –dijo Maximus– ella ama Egipto y siempre viaja a este país para recorrerlo, y por las ceremonias esotéricas. Y está a un paso de Jerusalén. Hablar los tres será muy grato.

–No necesito decirle que verla y tener la piel erizada de mi cuerpo es una sola cosa.

–Ya tendrán tiempo de compartir. Ambos pueden quedarse en El Cairo varios días.

–Si, sí, claro.

Cuando estuvimos a punto de sentarnos a la mesa, K y yo nos besamos uniendo con toda suavidad los labios. Siguiendo el ritual gnóstico milenario, K pasó su mano izquierda sobre la piel de mi brazo derecho para acariciar la marca ritual que ella misma había producido en otros tiempos. Ambos sonreímos. Eran recuerdos de tiempos hermosos; exigentes, extremos, cargados de adrenalina; pero plenos y bellos como ningún otro. "Era joven entonces", dije para que los dos me oyeran y asentimos todos con movimientos de cabeza.

–Fueron los rituales del paso, del tránsito, ineludibles si se anhela la transmutación –expliqué–. Es el símbolo de la Pascua.

Dicho sea de paso, otra tergiversación del catolicismo. "El Paso" se remonta en el pueblo hebreo al año 1513 a. C. cuando emprendieron el éxodo desde Egipto en busca de la Tierra Prometida.

–¡La Tierra Prometida! ¡La Fuente de Juvencio! ¡La Ciudad de los Césares! Todo evoca lo mismo –acotó Maximus con un énfasis no habitual, señal inequívoca de que lo hacía feliz compartir esa mesa. Fue en ese momento, recuerdo ahora, que advertí que no estábamos solos. Como no podía ser de otro modo afuera de la confitería se paseaba su chofer y, solitario, en una mesa leyendo un diario en árabe, su eterno asistente–: la transmutación o, en todo caso, el retorno al Paraíso, el reencuentro con los tiempos primordiales.

–Sí, las Pascuas judías se celebraron a partir de entonces cada año para mantener la memoria de su liberación; pero esa es la lectura de superficie, para que todo el pueblo comprenda, y sirve como prenda de unión presente y futura. No es la lectura más valiosa. Lo importante es que "el Paso" remite al estrecho, y a la vez inmensamente libre, sendero iniciático, el que conduce inevitablemente a la armonía; lo que suele llamarse "el Amor".

–Comienzo y fin son aspectos de una misma unidad. Los profanos se atienen a los "sucesos" lo que les impide entender la magnitud del "proceso" y eso los lleva a la angustia, la ansiedad, la depresión, la desesperación. Plenitud y extinción; vida, muerte, resurrección; todo es parte del uno.

–Pascua en hebreo significa "pasaje o tránsito". Alude, pues, a la idea de pasar o ir de un lugar a otro, como en la iniciación, la peregrinación desde la oscuridad a la luz; de la ignorancia profana a la comprensión de los principios y sus leyes universales.

–Si queremos ser precisos –aclaró K con parsimonia– Pascua, que en hebreo es *Pesah* debe traducirse como "pasar más allá". Lo que mejora la idea de la que estamos hablando hoy.

–Los primeros cristianos celebraban la que se conoce como la Pascua del Señor en coincidencia con la Pascua Judía: durante la noche de la primera luna llena pascual (el 14 de Abib), del primer mes de primavera (14-15 de Nisán). Fue recién a mediados del siglo II cuando la mayoría de las iglesias trasladó la celebración al domingo posterior a la festividad Judía. El Viernes Santo y el día de la Pascua Florida empezaron a celebrarse como conmemoraciones separadas en Jerusalén recién a finales del siglo IV.

–Pero vean Uds. –volvió a interrumpir con entusiasmo Maximus– que estamos refiriéndonos a una celebración que, para determinar el momento en que debe realizarse, hay que atenerse a una fase de la Luna. ¡Luna Llena! ¿A quién se le puede ocurrir que semejante cosa pudo haber sido establecida por Jehová o por Jesús? ¡Es totalmente pagano! Muy anterior al judaísmo mismo. Está íntimamente vinculado a los días próximos al Equinoccio de Primavera y es un canto de júbilo del pueblo, guiado por los sacerdotes que, a su vez, en secreto, hacían rituales iniciáticos, para gozo de la plenitud y exhuberancia de las formas, florecimiento y derroche de luz. No vamos a suponer que esto nace, tampoco, en la Magna Grecia donde tras el equinoccio se rendía culto a Dionisos y los iniciados se abandonaban, como la naturaleza misma, a una jubilosa embriaguez, la cual era considerada como un estado de auténtica posesión divina. ¡Para nada! La Magna Grecia, como digo, tomó todo de otras culturas; muy anteriores y, por ello, mucho más evolucionadas espiritualmente.

–De acuerdo; pero miren Uds. la manera en que contrasta lo que estamos contando con el estado de ánimo que prevalece durante la Semana Santa cristiana: el duelo, la tristeza, el abatimiento temporal... para después encontrarse con la alegría de que quien se creía muerto ha resucitado. Una evidencia de que sin tinieblas previas es impensable cualquier cambio de estado.

–La Pascua es un típico ritual de renovación. Está vinculado al ciclo anual y cósmico; de allí que utilice como eje el Equinoccio de Primavera que implica la regeneración de la naturaleza concebida como entidad viviente y única. Tal "renovación" no es otra cosa que el "paso" de un estado limitado y normativo a la amplitud de otro incondicionado y pleno. Tanto es así que hay quienes remontan los orígenes de estas celebraciones rituales a la fiesta primaveral en honor a la diosa teutónica de la luz y la primavera. El libro *Medieval Holidays and Festivals* aclara este punto: "La celebración de la Pascua Florida recibió su nombre (*Easter*), en honor a Eostre, diosa germánica del alba y la primavera". La mitología relata que Eostre abrió las puertas del Walhalla para recibir a Valder, llamado el "Dios Blanco" debido a su pureza o "Dios Sol" porque se creía que su frente suministraba luz a la humanidad. Originalmente, estos ritos de la primavera fueron concebidos para ahuyentar a los demonios del invierno o, lo que es lo mismo, las fuerzas de la oscuridad. ¡Miren si tiene antigüedad y orígenes nada hebreos ni cristianos la Pascua!

–Allí está en símbolos todo cuanto hay que expresar sobre el proceso iniciático. Las "disoluciones" y "coagulaciones" de los alquimistas. No se trata de un "paso" único, sino que requiere de varias travesías. A fin de cuentas Hércules hizo doce trabajos exitosos y con menos no habría sido digno de la mano de la princesa...

–Buena manera de expresar la auténtica y armónica integración del Héroe Solar (Principio Masculino) con el Principio Femenino (la Reina) porque siempre el resultado de un "pasaje" correctamente realizado implica la liberación de condicionamientos impuestos por la sociedad profana y de limitaciones mentales. Esta integración, esa unidad fruto de la iniciación absoluta, de la transmutación, conlleva una perenne liberación total. Es la realización de la máxima aspiración humana: conocer el lugar y el sitio que a uno le corresponde en el orden universal.

Maximus comenzó a sonreír discretamente; nos miró a ambos, volvió su rostro hacia la taza de té, jugó un poco con la cucharita de plata como si estuviera atendiendo a los tallados que había sobre ella, hasta que con una sonrisa mejor marcada en su rostro, dijo:

–No puedo menos que pensar qué responderá un sacerdote católico al preguntarle de dónde viene la costumbre de regalar huevos en Pascua. ¡Miren que es una buena industria! Huevo de chocolate, roscas con huevos duros de gallina como adorno... ¿Qué responderán? ¿Cómo explicarán que esos huevos, algunos tan grandes ellos, simbolizan, precisamente, el culto a la fecundidad y, más exactamente, a la virilidad. Ocurre que la primavera, como en todas las culturas, era la época sagrada para los adoradores fenicios del sexo. "Astarté", la diosa de la fertilidad, tenía como símbolos el huevo y la liebre. Incluso en algunas estatuas se la representa con los órganos sexuales toscamente exagerados, mientras que en otras figuras aparece con un huevo en la mano y un conejo a su diestra. Astar en Abisinia (actual Etiopía); Athar, divinidad de la fecundidad y la lluvia en Arabia del sur; Ishtar, divinidad de Mesopotamia; Inanna, la divinidad sumeria del amor, la naturaleza y la fertilidad. En verdad, todas identificaciones simbólicas del planeta Venus. Astarté se corresponde en la mitología griega en parte con la diosa Afrodita y en parte con Deméter. Pero también aparece mencionada en el Antiguo Testamento con la forma plural Ashtaroth. Astarté (en fenicio Ashtart) es la asimilación fenicia de una diosa mesopotámica conocida por los sumerios como Inanna, e Ishtar por los acadios. Representaba el culto a la madre naturaleza, a la vida y a la fertilidad, así como la exaltación del amor y los placeres carnales. Con el tiempo se transformó en diosa de la guerra y recibía cultos sanguinarios de sus devotos. Se la solía representar desnuda o apenas cubierta con velos, de pie sobre un león. De aquellos huevos, agradeciendo la fertilidad, la multiplicación, ¡estos huevos de Pascua para regalo de hoy en día!

–El huevo fue siempre un elemento muy importante que aparece en todas las cosmogonías más primitivas. Para no hablar del huevo alquímico, por ejemplo. Pero fíjense que en la India y en países semitas de la región oriental, el huevo ha representado el germen primitivo que se encuentra escondido en el agua. Dentro del agua. Los vedas afirman que las aguas originarias se elevaron y dieron origen a un huevo de oro, del cual salió el creador del mundo. Y en este tan especial país que ahora nos alberga –K no puedo evitar su emoción al hacer esta referencia– que es Egipto, el simbolismo del huevo me hace pensar en la Caja de Pandora de los griegos que, como dice Maximus, han de haberse apropiado del concepto. Los antiguos egipcios sostuvieron que Osiris y su hermano lucharon respectivamente e introdujeron todos los bienes y males del mundo en un huevo. Al romperse el mismo, todos los males se distribuyeron por el planeta. Claro que también en Persia, como en Grecia y Roma, era muy común pintar huevos y comerlos en las fiestas, en honor a la primavera. Todo eso llegó a nuestros días y, ahora, la gente deduce que los huevos en Pascua son una creación del cristianismo.

–El tríptico conformado por pasión, muerte y resurrección son estados sucesivos, y a la vez simultáneos, por los que necesariamente tiene que pasar todo aquel que quiera recorrer completo el camino iniciático. El "sacrificio" (sacro oficio, oficio sagrado) permite la recreación el mundo. Sacrificado y sacrificador se identifican entre sí y con el acto mismo del sacrificio. Por eso sostenemos que Jesús en lugar de evitar ser crucificado y todo el Vía Crucis que llegar a ese estado implica, hizo cuanto le fue posible para asegurarse que ocurriera. Tiene que haber sangre. La hay siempre en todas las mitologías que refieren a este proceso. La sangre proveniente del sacrificado fecunda la tierra. Hablar de sangre remite de inmediato al corazón.

–Todos los mitos hablan de un sacrificio en virtud del cual se recrea el mundo: Atis entre los latinos, el de Adonis entre los griegos, el de Tammuz en la Tradición Iniciática de Oriente Medio, llamado el "Universalmente Grande" así como tantos otros que hacen surgir de la tierra fecundada por la sangre a una divinidad de infinita perfección, la que a su vez es sacrificada, retornado así a la unidad primordial.

–Sí, hay mitos en que esta sacra acción implica inclusive la castración del órgano viril pero no de un varón sino de una divinidad que es hermafrodita. Cibeles en el mito de Atis al ser castrada por Dionisios por orden del Olimpo emana un chorro de sangre que fecunda la tierra donde brota una fruta en particular, que es la granada, la que al posarse sobre el regazo de Nana la fecundó, y de esta milagrosa concepción nació Atis, un ser de extraordinaria belleza que se castró en un ataque de locura provocado por Cibeles retornando así a la unidad primordial de la cual había salido.

–Interesante que haya mencionado la granada, una fruta tan apreciada en tantos simbolismos iniciáticos. Los masones siguen exhibiéndola, por lo general en número de tres, sobre la columna de los compañeros.

–Lo que hay que decir es que la castración simboliza el dominio del mundo yetsirático por Atsiluth cuya sangre fecunda Asiyah para que renazca o se renueve cíclicamente lo manifestado. Pero todo ello no sería posible sin la "voluntad divina", designada en los mitos como "voluntad del mundo olímpico" y en la Biblia en el sentido de que Cristo vino a la tierra a cumplir la profecía, las Santas Escrituras, lo revelado por Dios, su ley. En todos los casos esto hace referencia de manera velada, claro, a que la iniciación requiere de un guía sin la cual el paso perfecto no es posible.

–En algunos casos, en mitologías más modernas, la castración existe pero para decirlo de alguna manera se trata de una manera "desviada", "desplazada"; por eso es tan importante ese fragmento de los manuscritos del Mar Muerto que refiere a "un Mesías taladrado". Es un clásico ejemplo de castración desplazada. O, ya en el caso de Jesús, la lanza abriendo el costado.

–Otra forma de castración sublimada puede ser el someti-
miento a una vergüenza extrema. ¿Creen Uds. que cuando los
Evangelios señalan que a Jesús lo despojaron de las vestiduras
le dejaron puesto algo así como un taparrabos? Exhibir desnudo
por entero a un hombre impotente para defenderse es una forma
moral de castración. No tengo dudas.

–En el esoterismo hindú hay otras modificaciones interesantes para la castración. Así tenemos el relato del sacrificio de Pu-
rusha por los Devas que no son otra cosa que partes de él mismo.
Son autosacrificios. Jesús que, como ya concordamos todos en
esta mesa, se dirige voluntariamente a la pasión y muerte, coinci-
diendo en la misma persona sacrificador y sacrificio. Ninguno
puede efectuar su recorrido iniciático exitosamente si es obligado.
Aún con temores o precisamente porque estos existen, tiene que
tratarse de una decisión íntima y personal donde el guía está
presente pero no interviene.

–En síntesis, podemos acordar que la Pascua celebra, pues, el
misterio de la redención en sus dos aspectos, muerte y resurrección. La muerte pascual la vive cíclicamente todo iniciado y forma
parte de la simultaneidad en que acontecen los diferentes estados
del ser.

Un bel morire tutta la vida honra.

La misa de San Gregorio. Una síntesis perfecta del sacrificio que realizó
Jesús para liberar a los hombres del pecado original. Mientras lo
sacrifican, el hijo de Dios celebra una misa.

Apéndice
Declaración de José de Arimatea
de los Evangelios Apócrifos

DECLARACIÓN DE JOSÉ DE ARIMATEA, EL QUE DEMANDÓ EL
CUERPO DEL SEÑOR, QUE CONTIENE LAS CAUSAS DE LOS
DOS LADRONES.

I 1. *Yo soy José de Arimatea, el que pidió a Pilato el cuerpo del Señor Jesús para sepultarlo, y que por este motivo se encuentra ahora encadenado y oprimido por los judíos, asesinos y refractarios de Dios, quienes, además, teniendo en su poder la ley, fueron causa de tribulación para el mismo Moisés y, después de encolerizar al legislador y de no haber reconocido a Dios, crucificaron al Hijo de Dios, cosa que quedó bien de manifiesto a los que conocían la condición del Crucificado. Siete días antes de la pasión de Cristo fueron remitidos al gobernador Pilato desde Jericó dos ladrones, cuyos cargos eran estos:*

2. *El primero, llamado Gestas, solía dar muerte de espada a algunos viandantes, mientras que a otros les dejaba desnudos y colgaba a las mujeres de los tobillos cabeza abajo para cortarles después los pechos; tenía predilección por beber la sangre de los miembros infantiles; nunca conoció a Dios; no obedecía a las leyes y venía ejecutando tales acciones, violento como era, desde el principio de su vida.*

El segundo, por su parte, estaba encartado de la siguiente forma. Se llamaba Dimas; era de origen galileo y poseía una posada. Atracaba a los ricos, pero a los pobres les favorecía. Aun siendo ladrón, se parecía a Tobit (Tobías), pues solía dar sepultura a los muertos. Se dedicaba a saquear a la turba de los judíos; robó los libros de la ley en Jerusalén, dejó desnuda a la hija de Caifás, que era a la sazón sacerdotisa del santuario, y sustrajo incluso el depósito secreto colocado por Salomón. Tales eran sus fechorías.

3. *Fue detenido asimismo Jesús la tarde del día 4 antes de la Pascua. Y no había fiesta para Caifás ni para la turba de los judíos, sino enorme aflicción, a causa del robo que había efectuado el ladrón en el santuario. Y, llamando a Judas Iscariote, se pusieron al habla con él. Es de saber que este era sobrino de Caifás. No era discípulo sincero de Jesús, sino que había sido dolosamente instigado por toda la turba de los judíos para que le siguiera; y esto, no con el fin de que se dejara convencer por los portentos que Él obraba, ni para que le reconociese, sino para que se lo entregase, con la idea de cogerle alguna mentira. Y por esta gloriosa empresa le daban regalos y un didracma de oro cada día. Y a la sazón hacía ya dos años que se encontraba en compañía de Jesús, como dice uno de los discípulos llamado Juan.*

4. *Y tres días antes de que fuera detenido Jesús, dijo Judas a los judíos: "¡Ea!, pongamos el pretexto de que no fue el ladrón quien sustrajo los libros de la ley, sino Jesús en persona; yo mismo me comprometo a hacer de acusador". Mientras esto se decía, entró en nuestra compañía Nicodemo, el que tenía a su cargo las llaves del santuario, y se dirigió a todos, diciendo: "No llevéis a efecto tal cosa". Es de saber que Nicodemo era más sincero que todos los judíos juntos. Mas la hija de Caifás, llamada Sara, dijo a voz en grito: "Pues Él ha dicho delante de todos contra este lugar santo: 'Soy capaz de destruir este templo y de levantarlo en tres días". A lo que respondieron los judíos: "Te damos todos nuestro voto de confianza", pues la tenían como profetisa. Y, una vez celebrado el consejo, fue detenido Jesús.*

II 1. *Y al día siguiente, que era miércoles, le llevaron a la hora nona al palacio de Caifás. Y Anás y Caifás le dijeron: "Oye, ¿por qué has robado nuestra Ley y has puesto a pública subasta las promesas de Moisés y de los profetas?" Mas Jesús nada respondió. Y, ante toda la asamblea reunida, le dijeron: "¿Por qué pretendes deshacer en un solo momento el santuario que Salomón levantó en cuarenta y seis años?" Y Jesús no respondió nada a esto. Es de saber que el santuario de la sinagoga había sido saqueado por el ladrón.*

2. *Mas el miércoles, a la caída de la tarde, la turba se disponía a quemar a la hija de Caifás por haberse perdido los libros de la Ley, pues no sabían cómo celebrar la Pascua. Pero ella les dijo: "Esperad, hijos, que daremos muerte a este Jesús y encontraremos la Ley y la santa fiesta se celebrará con toda solemnidad". Entonces Anás y Caifás dieron ocultamente a Judas Iscariote una buena cantidad de oro con este encargo: "Di, según nos anunciaste: Yo sé que la Ley ha sido sustraida por Jesús, para que el delito recaiga sobre él y no sobre esta irreprochable doncella". Y cuando se hubie-*

ron puesto de acuerdo sobre el particular, Judas les dijo: "Que no sepa el pueblo que vosotros me habéis dado instrucciones para hacer esto contra Jesús; soltadle más bien a este, y yo me encargo de convencer al pueblo de que la cosa es así". Y astutamente pusieron en libertad a Jesús.

3. Así, pues, el jueves al amanecer entró Judas en el santuario y dijo a todo el pueblo: "¿Qué queréis darme y yo os entregaré al que hizo desaparecer la Ley y robó los Profetas?" Respondieron los judíos: "Si nos lo entregas, te daremos treinta monedas de oro". Mas el pueblo no sabía que Judas se refería a Jesús, pues bastantes confesaban que era Hijo de Dios. Judas, pues, se quedó con las treinta monedas de oro.

4. Y, habiendo salido a la hora cuarta y a la hora quinta, encontró a Jesús paseando en el atrio. Y, echándose ya encima la tarde, dijo a los judíos: "Dadme una escolta de soldados armados de espadas y palos y yo lo pondré en vuestras manos". Y le dieron fuerza para prenderle. Y mientras iban caminando, díjoles Judas: "Echad mano a aquel a quien yo besare, pues Él es quien ha robado la Ley y los Profetas". Después se acercó a Jesús y le besó, diciendo: "Salve, Maestro". Era a la sazón la tarde del jueves. Y, una vez preso, lo pusieron en manos de Caifás y de los pontífices, diciéndoles Judas: "Este es el que ha hurtado la Ley y los Profetas". Y los judíos sometieron a Jesús a un injusto interrogatorio, diciendo: "¿Por qué has hecho esto?" Mas Él nada respondió. Entonces Nicodemo y yo, José, viendo la cátedra de la pestilencia, nos separamos de ellos, no estando dispuestos a perecer juntamente con el consejo de los impíos.

III 1.Y, después que aquella noche hicieron otras cosas terribles contra Jesús, la madrugada del viernes fueron a entregárselo al gobernador Pilato para crucificarle; y con este fin acudieron todos. Y el gobernador Pilato, después de interrogarle, mandó que fuera crucificado en compañía de dos ladrones. Y fueron crucificados juntamente con Jesús, a la izquierda Gestas y a la derecha Dimas.

2. *Y empezó a gritar el de la izquierda, diciendo a Jesús: "Mira cuántas cosas malas he hecho sobre la tierra, hasta el punto incluso de que, si yo hubiera sabido que tú eras rey, aun contigo hubiera acabado. ¿Por qué te llamas a ti mismo Hijo de Dios, si no puedes socorrerte en caso de necesidad? ¿Cómo, pues, vas a prestar auxilio a otro que te lo pida? Si tú eres el Cristo, baja de la cruz para que pueda creer en ti. Pero, por de pronto, no te considero como hombre, sino como bestia salvaje que está pereciendo juntamente conmigo". Y comenzó a decir muchas otras cosas contra Jesús mientras blasfemaba y hacía rechinar sus dientes contra Él, pues había caído preso el ladrón en el lazo del diablo.*

3. *Mas el de la derecha, cuyo nombre era Dimas, viendo la gracia divina de Jesús, gritaba de este modo: "Te conozco, ¡oh Jesucristo!, y sé que eres Hijo de Dios; te estoy viendo como Cristo adorado por miríadas de ángeles. Perdóname los pecados que he cometido; no hagas venir contra mí los astros en el momento de mi juicio, o la luna cuando vayas a juzgar toda la tierra, puesto que de noche realicé mis malos propósitos; no muevas el sol, que ahora se está oscureciendo por ti, para que pueda manifestar las maldades de mi corazón; ya sabes que no puedo ofrecerte presente alguno por la remisión de mis pecados. Ya se me echa encima la muerte a causa de mis maldades, pero tú tienes poder para expiarlas; líbrame, Señor universal, de tu terrible juicio; no concedas al enemigo poder para engullirme y hacerse heredero de mi alma, como lo es de la de ese que está colgado a la izquierda; pues estoy viendo cómo el diablo recoge su alma, mientras sus carnes desaparecen. No me ordenes tam-*

poco pasar a la porción de los judíos, pues estoy viendo sumidos en un gran llanto a Moisés y a los profetas, mientras el diablo se ríe a costa suya. Antes, pues, ¡oh Señor!, de que mi alma salga, manda que sean borrados mis pecados, y acuérdate de mí, pecador, en tu reino, cuando vayas a juzgar a las doce tribus sobre el trono grande y alto, pues gran tormento has preparado a tu mundo por tu propia causa".

4. *Y, cuando el ladrón terminó de decir esto, respondióle Jesús: "En verdad, en verdad te digo, Dimas, que hoy mismo vas a estar conmigo en el Paraíso. Mas los hijos del reino, los descendientes de Abrahán, de Isaac, de Jacob y de Moisés, serán arrojados fuera a las tinieblas exteriores; allí habrá llanto y crujir de dientes. Mas tú serás el único que habites en el Paraíso hasta mi segunda venida, cuando vaya a juzgar a los que no han confesado mi nombre". Y añadió: "Márchate ahora y di a los querubines y a las potestades, que están blandiendo la espada de fuego y guardan el Paraíso del que Adán, el primero de los creados, fue arrojado, después de haber vivido allí, por haber prevaricado y no haber guardado mis mandamientos: Ninguno de los primeros verá el Paraíso hasta que venga de nuevo a juzgar a vivos y muertos. Habiéndolo escrito así Jesucristo, el Hijo de Dios, el que descendió de las alturas de los cielos, el que salió inseparablemente del seno del Padre invisible y bajó al mundo para encarnarse y ser crucificado para salvar a Adán, a quien formó, para conocimiento de los escuadrones de arcángeles, guardianes del paraíso y ministros de mi Padre. Quiero y mando que penetre dentro el que está siendo crucificado conmigo, y que reciba por mí la remisión de sus pecados, y que entre en el Paraíso con cuerpo incorruptible y engalanado, y que habite allí donde nadie jamás puede habitar". Y he aquí que, cuando hubo dicho esto, Jesús entregó su espíritu. Tenía esto lugar el viernes a la hora de nona. Mientras tanto, las tinieblas cubrían la tierra*

entera y, habiendo sobrevenido un gran teremoto, se derrumbó el santuario y el pináculo del templo.

IV 1.*Entonces yo, José, demandé el cuerpo de Jesús y lo puse en un sepulcro nuevo, sin estrenar. Mas el cadáver del que estaba a la derecha no pudo ser hallado, mientras que el de la izquierda tenía un aspecto parecido al de un dragón.*

Y, por el hecho de haber pedido el cuerpo de Jesús para darle sepultura, los judíos, dejándose llevar de un arranque de cólera, me metieron en la cárcel donde solía retenerse a los malhechores. Me ocurría esto a mí la tarde del sábado en que nuestra nación estaba prevaricando. Y mira por cuánto esta misma nación sufrió el sábado tribulaciones terribles.

2. *Y precisamente la tarde del primer día de la semana, a la hora quinta, cuando yo me encontraba en la cárcel, vino hacia mí Jesús acompañado del que había sido crucificado a su derecha, a quien había enviado al paraíso. Y había una gran luz en el recinto. De pronto la casa quedó suspensa de sus cuatro ángulos, el espacio interior quedó libre y yo pude salir. Entonces reconocí a Jesús en primer lugar y luego al ladrón, que traía una carta para Jesús. Y, mientras íbamos camino de Galilea, brilló una luz tal, que no podía soportarla la creación; el ladrón, a su vez, exhalaba un gran perfume procedente del paraíso.*

3. *Luego sentóse Jesús en un lugar y leyó así: "Los querubines y los exaptérigos, que recibimos de tu divinidad la orden de guardar el jardín del Paraíso, hacemos saber esto por medio del ladrón que fue crucificado juntamente contigo por disposición tuya: Al ver en este la señal de los clavos y el resplandor de las letras de tu divinidad, el fuego se extinguió, no pudiendo aguantar la flamígera señal, y nosotros, sobrecogidos por un gran temor, quedamos amedrentados; pues oímos al autor del cielo y*

de la tierra y de la creación entera que bajaba desde la altura hasta las partes más bajas de la tierra a causa del primero de los creados, Adán. Pues, al ver la cruz inmaculada que fulguraba por medio del ladrón y que hacía reverberar un resplandor siete veces mayor que el del sol, se apoderó de nosotros, presa de la agitación de los infiernos, un gran temblor. Y, haciendo coro con nosotros los ministros del infierno, dijimos a grandes voces: Santo, Santo, Santo es el que impera en las alturas. Y las potestades dejaban escapar este grito: Señor, te has manifestado en el cielo y sobre la tierra, dando la alegría de los siglos, después de haber salvado de la muerte a la misma criatura".

V 1. *Mientras iba yo contemplando esto, camino de Galilea, en compañía de Jesús y del ladrón, Aquél se transfiguró, y no era lo mismo que la principio, antes de ser crucificado, sino que era luz por completo. Y los ángeles le servían continuamente, y Jesús mantenía conversación con ellos. Y pasé tres días a su lado, sin que ninguno de sus discípulos le acompañara, sino solo el ladrón.*

2. *Mediada la fiesta de los Ázimos, vino su discípulo Juan, y todavía no habíamos visto al ladrón ni sabíamos qué había sido de él. Juan entonces preguntó a Jesús: "¿Quién es este, pues no me has permitido ser visto por él?". Mas Jesús no le respondió nada. Entonces él se echó a sus pies y le dijo: "Señor, sé que desde el principio me amaste; ¿por qué no me haces ver a aquel hombre?" Díjole Jesús: "¿Por qué vas en busca de lo arcano? ¿eres obtuso de inteligencia? ¿No percibes el perfume del paraíso que ha inundado el lugar? ¿No te das cuenta de quién era? El ladrón colgado de la cruz ha venido a ser heredero del paraíso; en verdad, en verdad te digo que de él solo es hasta que llegue el gran día". Y Juan dijo: "Hazme digno de verle".*

3. *Y, mientras Juan estaba aún hablando, apareció de repente el ladrón. Aquél entonces, atónito, cayó al suelo. El ladrón no conservaba la misma figura que tenía antes de venir Juan, sino que era como un rey majestuoso en extremo, engalanado como estaba con la cruz. Y se dejó oír una voz, emitida por una gran muchedumbre, que decía así: "Has llegado al lugar del paraíso que te estaba preparado; nosotros hemos sido designados por el que te envió para servirte hasta que venga el gran día". Y, al producirse esta voz, quedamos invisibles el ladrón y yo. Yo entonces me encontré en mi propia casa y ya no vi a Jesús.*

4. *Y habiendo sido testigo ocular de estas cosas, las he dejado escritas para que todos crean en Jesucristo crucificado, nuestro Señor, y no sirvan ya a la ley de Moisés, sino que den crédito a los prodigios y portentos obrados por Él, de manera que, creyendo, sean herederos de la vida eterna y podamos encontrarnos todos en el reino de los cielos; porque a Él le conviene gloria, fuerza, alabanza y majestad por los siglos de los siglos. Amén.*

Bibliografía

Álvarez Valdés, Ariel; *"¿Quiénes eran los extraños esenios del Mar Muerto?"*, *Revista Criterio* N° 2282, Buenos Aires, 2003.

Barns, J., "Greek and Coptic Papyri from the Covers of the Nag Hammadi Codices", en *Essays on the Nag Hammadi Texts in Honor of Pahor Labib*, ed. Martín Krause (Leiden: Brill, 1975) y cf. T. Save-Soderberg, "The Sitz im *Leben* of the Nag Hammadi Library", en *Les Textes de Nag Hammadi*, ed. C. Menard (Leiden: Brill, 1975) y cf. F. Wisse, "Gnosticism and Early Monasticism in Egypt", en *Gnosis, Festschrift für Hans Jonas*, ed. Barbara Aland (Göttingen: Vandenhoeck and Ruprecht, 1978).

Bauer, J. B., *"Echte Jesusworte?"*, en *Evangelien aus dem Nilsand, Frankfurt* 1960, 108–150.

Benoit, P.; Boismard, M.E.; Malillos, J. L., *Sinopsis de los cuatro Evangelios*, Bilbao 1975-1977. Black, M., *An Aramaic approach to the gospels and Acts*, Oxford 1967.

Bonet Beltrán, Juan Bautista: *El vuelco de la Tierra: un movimiento olvidado*. Pamplona, EUNSA, 1976.

Bornkamm, G., *Jesús de Nazaret*, Salamanca 1977; *Evangelien* (formgeschichtlich), en RGG II, 1958, 745-750; *Formen und Gattungen* II, en RGG II, 1958, 999-1005.

Bourgon, Emilio: *Egipto ¿una colonia atlante?*. En Enigmas del Hombre y del Universo, enero 1996.

Bultmann, R., *Die Geschichte der synoptischen Tradition*, Gottingen 1980; *Jesus*, Gutersloh 1977; *Teología del Nuevo Testamento*, Salamanca 1981.

Copenhaver, Brian P. (ed.), Corpus Hermeticum y Asclepio, traducción del inglés Jaume Pórtulas y Cristina Serna; Editorial Siruela: Madrid, 2000.

Dupont, J., *El mensaje de las bienaventuranzas*, Estella 1978.

Ehrman, Bart D., *Cristianismos perdidos. Los credos proscritos del Nuevo Testamento*. Barcelona, 2003.

Faber-Kaiser, Andreas, *Jesús vivió y murió en Cachemira*. Ed. A.T.E. Barcelona 1976.

Gaertner, Bertil, *The Theology of the Gospel According to Thomas* (New York: Harper and Row, 1961).

García Martínez, Florentino; Trebolle, Julio, *Los hombres de Qumrán: literatura, estructura social y concepciones religiosas*, Trotta, Madrid, 1993.

González Blanco, Edmundo, *Los Evangelios Apócrifos*, Madrid, 1934, 3 tomos. Reimpresión en 2 tomos de Hyspamérica Ediciones Argentina, 1985.

Gordini, G. D., "Giuseppe di Arimatea", en *Biblioteca Sanctorum* VI (Roma 1965) 1292-1295;

Grant, F. C.,*The gospels: their origin and growth*, London 1957; *The earliest gospel*, New York 1957.

Grundmann, G. W., *Das Problem des hellenisticschen Christentums innerhalb der Jerusalemer Urgemeinde*: ZNW 38 (1939) 45-73.

Guttgemanns, E., *Offene Fragen zur Formegeschichte des Evangeliums*, Munchen 1971.

Hoffmann, P., *Studien zur Theologie der Logienquelle*, Munster 1975.

Iber, G., *Zur Formgeschichte der Evangelien*: ThRd 24 (1957-1958) 283-304.

Knox, W., *The sources of the synoptic gospels*, New York 1953-1957.

Koster, H., *Die ausserkanonischen Herrenworte*: ZNW 48 (1957) 220-237

Kuntzmann, Raymond; Dubois, Jean-Daniel, *Nag Hammadi. Evangelio de Tomás. Textos gnósticos de los orígenes del cristianismo*. Verbo Divino. Estella 1998.

Kummel, W. G., *Einleitung in das Neue Testament*, Heidelberg 1978; *Die Theologie des Neuen Testament nachseinen Hauptezeugen*, Gottingen 1980; *Das Neue Testament. Geschichte der Erforschung seiner Probleme*, Freiburg-Munchen 1970.

Las Heras, Antonio, *Sociedades secretas. Masonería, templarios, rosacruces y otras órdenes esotéricas*. Colección Anima Mundi. Sello Alhué. Editorial Albatros. Buenos Aires, 2006.

Lehmann, M., *Synoptische Quellenanalyse und die Fragenach dem historischen Jesus*, Berlin 1970.

Luhrmann, D., *Die Redaktion der Logienquelle*, Neukirchen Vluyn 1969.

Manitara, Olivier, *The Essenes. From Jesús to our time*, Telesma Evida Publishing, Cottonwood, 2005.

Monloubou, Louis, Leer y predicar el Evangelio de Lucas. Edit. Sal Terrae Santander, 1982. Págs. 300.

Mühlek, K., "Joseph von Arimathäa", en *Biographisch-Bibliographischen Kirchenlexikons*.

Palacios, M. Asín, *Logia et agrapha Domini Jesu apud Moslemicos*, en *Patrologia Orientalis* XIII, 1917, 335–432; *Ibid*, XIX, 1926, 531–624.

Piñero, JoséAntonio; Torrents, Montserrat; García Bazán, Francisco, *Textos Gnósticos. Biblioteca de Nag Hammadi*, Tres volúmenes.

Piper, O. A. *Origin of the gospel pattern*: JBL 78 (1958-1959) 112-124.

Poully, Jean, *Los Manuscritos del Mar Muerto y la comunidad de Qumrán*, Verbo divino, Estella, 1980;

Prado González, J., *José de Arimatea*, en GER 13 (Madrid 1971) 513-514.

Quispel, Gilles, Gnosis and the New Sayings of Jesus, *Eranos Jahrbuch*, 1969, vol. 38, p. 269.

Resch, *Aussercanonische Paralleltexte zu den Evangelien*, Leipzig 1893-1894; *Agrapha. Aussercanonische Schrift fragmente*, Leipzig 1906.

Riesner, R.; Betz, H. D., *Jesús, Qumrán y el Vaticano* (Herder, Barcelona, 1992).

Robinson, J. M., *Le kérigme de l'église et le Jésus de L'histoire*, Genéve 1960.

Rohde, J., *Die Redaktionsgeschichtliche Methode*, Hamburg 1966.

Roloff, J., *Das Kerygma und der irdische Jesus. Historische Motive in den Jesus–Erzahlungen der Evangelien*, Gottingen 1973.

Roure, D., La Biblía día a día. Comentario exegético a las lecturas de la liturgia de las horas. Ediciones Cristiandad. Madrid-1981.Págs. 904

Sanders, E. P., *The tendencies of the synoptic tratidion*, Philadelphia 1969.

Santos Otero, Aurelio de, *Los Evangelios apócrifos. Edición crítica y bilingüe.* Madrid, 1996.

Schmidt, K. L., *Der Rahmen der Geschichte Jesu*, Berlín ,1919.

Schrage, W., *Das Verhaltnis des Thomasevangeliums zur lienu-bersetzungen*, Tubingen 1954.Schulz, S., *Die Spruchquelle der Evangelisten*, Zurich 1972.

Schweizer, E., *Erniedrigung und Erhohung bei Jesus und seinen Nachfolgern*, Zurich 1962.

Slosman, Albert: *...y Dios resucitó en Dendera: la teología primordial restituida*. Barcelona, Luciérnaga, 2000.

Slosman, Albert: *La grande hypotèse: esquise d'une histoire du monothéisme des origines à la fin du monde*. Paris, Robert Laffont, 1982.

Slosman, Albert: *Le livre de l'Au Delà de la Vie*. Paris, Baudouin, 1979.

Slosman, Albert: *Les survivants de l'Atlantide*. Paris, Robert Laffont, 1976.

Sutcliffe, Edmund; *Los monjes de Qumran*, Garriga, Barcelona, 1962.

Strack, H. L.; Billerbeck, P., *Kommentar zum Neuen Testament aus Talmud und Midrasch*, 1922–1928; fueron compilados dos vólumenes de índices por J. Jeremias y K. Adolph, 1956-1961.

Textos Gnósticos, Biblioteca Nag Hammadi II: Evangelios, hechos, cartas, por *Antonio Piñero* (editor), Editorial Trotta

Textos Herméticos, traducción del Griego Francesc Xavier Renau Nebot. Incluye *Corpus Hermeticum [Anexo del Códice VI Nag Hammadi. La Ogdóada y la Enéada]*, *Extractos de Estobeo*, *Asclepio [Anexo. Nag Hammadi VI 8: Fragmento del Lógos téleios]*, *Fragmentos diversos*, *Definiciones Herméticas Armenias*, *Apéndices* e *Índices de nombres propios y de la doctrina Hermética*. Editorial Gredos: Madrid, 1999 [1ª edición, 2ª impresión].

The Gospel according to Thomas. Coptic text established and translated (leiden 1958) por A. Guillaumont, H. C. Puech, G. Quispel, W. Till y Yassah´abd al Marish. Traducción inglesa, francesa, y holandesa. *Il Vangelo seco* [A. Guillaumont, et al., *The Gospel According Thomas* (New York: Harper and Row, 1959), y J. Doresse, *The Secret Books of the Egyptian Gnostics* (New York: Viking, 1960)]ndo Tommaso. Versione dal copto e commento (Milán 1960) por J. Dórese.

The Greek New Testament, New York-London-Amst-Stuttgart 1973; esta obra ha sido editada por K. Aland, M. Black, C. M. Martini, B. M. Metzger, A. Wikgren, en colaboración con el Institute for New Testament textual research; y con esta obra el volumen auxiliar: *A textual commentary on the Greek New Testament,* Stuttgart 1971. The Broken Cross (La cruz torcida), por Peirs Compton, 1981. *The Occultic Conspiracy: Secret Societies — Their Influence and Power in World History* (La conspiración ocultista: sociedades secretas – su influencia y poder en la historia mundial), por Michael Howard, 1989.

Todt, H. E., *Der Menschensohn in der synoptischen Uberlieferung, Freiburg,* 1959.

Vicente, Rubino, *El misterio de Parsifal y la leyenda del Santo Grial.* Colección Ouróboros. Editorial Catálogos, Buenos Aires, 2005

Volúmen I: *Tratados Filosóficos y Cosmológicos*, Editorial Trotta: Madrid, 1997 (3ª edición 2007).

Volúmen II: *Evangelios, Hechos, Cartas*, Editorial Trotta: Madrid, 1999 (3ª edición 2007).

Volúmen III: *Apocalipsis y otros escritos*, Editorial Trotta: Madrid, 2000.

Wrede, W., *Das Messiasgeheimnis in den Evangelien*, Gottingen 1969.

Zimmermann, H., *Neutestamentliche Methodenlehre*, Stuttgart 1978.

Webs recomendadas

www.vatican.va
www.vaticano.org
www.vaticano.com
www.antoniolasheras.com.ar
www.christiananswers.net/spanish/jesus/home.html
http://tanger.cervantes.es/Biblioteca/Fichas/Faber–Kaiser,.%20An
    dreas_16578_35_1.shtml
www.catholic.net
www.biografiasyvidas.com
www.enciclopediacatolica.com
www.buenanueva.net
www.jesu.info
www.hijodedios.org
www.seminarioabierto.com
www.labibliaonline.com.ar

www.enciclopediacatolica.com
www.hermandadsantamariamagdalena.org
www.adorador.com
www.iglesia.org
www.celtiberia.net
www.cofradiamariamagdalena.es
www.jesusdescodificado.com
www.elciberpastor.wordpress.com
www.catholic–church.org
www.menteabierta.org
www.capillacatolica.org
www.homilia.org
www.jesus.teologia.upsa.es
www.agapea.com
www.protestantedigital.com

www.ingramcontent.com/pod-product-compliance
Lightning Source LLC
Chambersburg PA
CBHW070341090426
42733CB00009B/1251